너무 재밌어서
잠 못 드는
철학 수업

너무 재밌어서
잠 못 드는
철학 수업

초판 1쇄 발행 2018년 8월 24일
초판 2쇄 발행 2018년 9월 20일

지은이 김경윤

펴낸이 이상순
주간 서인찬
편집장 박윤주
제작이사 이상광
기획편집 한나비, 김한솔, 김현정, 이정신
디자인 유영준, 이민정
마케팅 홍보 이병구, 신희용
경영지원 오은애

펴낸곳 (주)도서출판 아름다운사람들
주소 (10881) 경기도 파주시 회동길 103
대표전화 (031) 955-1001 **팩스** (031) 955-1083
이메일 books777@naver.com
홈페이지 www.books114.net

생각의길은 (주)도서출판 아름다운사람들의 교양 브랜드입니다.

너무 재밌어서
잠 못 드는
철학 수업

김경윤 지음

들어가며

●
●
●

철학은 무엇보다 다음과 같은 것이다.
새로운 문제를 발명하는 것.

_알랭 바디우

　책을 읽는 사람들은 '문제아(問題兒)'다. 사전적 의미로도 그렇고, 철학적 의미로도 그렇다. 밥도 돈도 안 되는 책을 읽고 있으니 그렇고, 스스로 문제를 안고 있으니 그렇다. 그런 의미에서 책을 읽는 행위는 문제적 행위이며 문제를 안고 있는 상황은 문제적 상황이다. 문제적 상황에서 문제적 행위를 하고 있는 사람을 우리는 문제아라 부른다.

　삶을 문제없이 당연한 것이라 여기는 사람들은 책을 거의 안 읽는다. 그냥 살아가면 된다. 그런데 삶이 삐거덕거릴 때 우리는 그냥 살 수 없다. 더 이상 일상은 당연하지 않다. 뭔가 문제가 있다고 생각하게 된다. 문제가 뭔지 생각하게 된다. 문제가 뭔지 곰곰이 생각하는 사람을 우리는 철학자라 부른다.

철학자는 당연한 것을 당연하다고 생각하지 않는다. 의심하고, 질문하고, 추적한다. 결국 철학자는 당연하다 여겨지는 모든 것을 문제시하는 사람이다. 진리니, 국가니, 정의니, 사랑이니, 이성이니, 자유니, 평등이니, 믿음이니, 발전 따위가 당연한 것이 아니라 문제적인 것으로 변모한다. 그리하여 철학자는 새로운 문제를 발명한다.

익숙해진 일상에서 문제를 찾아내려면 렌즈가 필요하다. 바로 '개념'이라는 렌즈다. 이것 또한 철학자가 발명한다. "철학은 개념을 발명"하는 것이라고 들뢰즈와 가타리는 말했다. 철학자가 발명한 '개념'들을 통해 세상을 보면 세상은 온통 문제투성이로 보인다. 개념 하나 바뀌었을 뿐인데, 세상이 달라진다.

마르크스의 '프롤레타리아', 니체의 '초인', 프로이트의 '무의식' 등은 이들이 발명한 문제적 개념들이다. 이 개념으로 세상을 보니 자본가들의 문제가 보이고, 교양인들의 문제가 보이고, 멀쩡한 의식을 가진 것 같았던 이들의 문제가 보인다. 희한한 일이다.

이 책은 20세기 이후의 서양의 철학자들을 다루고 있다. 그들은 하나같이 자신이 살던 세상을 정상적으로 보지 않고 문제적으로 보았다. 그리고 그 문제를 바라볼 수 있는 '개념'들을 발명하였다. 이 책은 그러한 개념들을 소개하고 있다. 그리고 이 개념들을 될 수 있는 한

쉽게 설명하려고 노력하였다. 한편 그러한 개념들이 갑자기 하늘에서 뚝 떨어진 것이 아니라 철학자들이 속한 현실 속에서 발명되었음을 그들의 삶을 통하여 설명하고자 했다. 그들과 동시대인인 우리는 그들이 발명한 '개념'을 통하여 우리가 살고 있는 세상의 '문제'들을 발견할 수 있을 것이다.

여기서는 16명의 철학자를 다뤘다. 모두 그들이 발명한 개념으로 사람들의 시선을 바꾸어놓은 이들이다.

의심의 대가 3인방인 마르크스, 니체, 프로이트, 인간의 의식과 존재를 구체적으로 이해하려 했던 후설, 하이데거, 사르트르, 현대의 변모한 조건 속에서 새롭게 변혁의 가능성을 모색했던 그람시, 루카치, 프랑크푸르트학파, 삶의 보편적인 규칙을 발명했던 구조주의 언어학자 소쉬르, 그리고 그러한 규칙을 인류에게 적용한 레비스트로스, 구조주의를 다양하게 변형, 변모시킨 라캉, 알튀세르, 푸코, 들뢰즈가 그들이다. 중간중간 그들과 밀접한 관련이 있는 12명의 철학자를 압축적으로 소개했다. 삽입한 도표나 그림은 글의 이해를 돕기 위한 장치들이다.

자, 문제적 철학자들이 여기에 있다. 그리고 책을 읽고 있는 문제아인 여러분이 있다. 책의 제목은 〈너무 재밌어서 잠 못 드는 철학 수업〉이다. 잠들 시간에 잠 못 드는 것도 문제다. 책이 재밌어서 잠 못 든다면 그나마 다행이다. 하지만 그냥 잠이 안 온다면, 이 책을 읽어보라. 문제작(問題作)이다. 책을 보다가 졸린다면 다행이다. 이제 잠을

너무 재밌어서 잠 못 드는 철학 수업

잘 수 있을 테니. 만약에 잠 못 든다면, 괜찮다. 책 제목에 딱 들어맞는 상황이다. 그렇게 밤을 지새우고 나서 과거와는 다른 새로운 눈이 뜨여진다면 이 책은 목적을 다한 것이다.

2018년 유난히 무더운 불면의 밤에

김경윤

차례

마르크스
역사를 뒤집다

이제까지 철학자들은 세계를 단지 여러 가지 방식으로 해석해왔을 뿐이다. 그러나 문제는 세계를 '변혁'하는 것이다.

철학의 프로메테우스, 마르크스

카를 마르크스(Karl Marx)는 1818년 5월 5일 독일 라인란트 주 트리어 시에서 태어났다. 아버지는 유대교 랍비의 후예였으나 유대인이 관직에 오르는 것을 금하는 차별 법령을 피하기 위해 1817년 개신교로 개종한 후 변호사가 되었다. 한편 마르크스의 아버지는 자유주의자이기도 해서 마르크스는 자유로운 분위기에서 성장할 수 있었다.

아들이 변호사가 되기를 바라는 아버지의 바람에 따라 마르크스는 본 대학에 입학해 법학을 공부했다. 그러나 본 대학의 자유로운 분위기는 마르크스를 문학과 철학으로 이끌었다. 이를 안 아버지의 압력으로 베를린의 훔볼트 대학으로 전학했지만 그곳에서도 마르크스는 법학 대신 역사와 철학에 몰두했다.

베를린에서 마르크스는 철학자 헤겔의 영향을 받은 청년들과 교제를 나눴는데, 그의 박학함과 치밀한 논리 전개는 단연 독보적이었다.

당시 청년 헤겔학파들은 독일 당국의 감시를 받고 있었다. 마르크스 역시 위험인물이 되었다. 철학에 몰두한 그는 예나 대학에서 1841년 「데모크리토스와 에피쿠로스의 자연철학의 차이점」이라는 논문으로 철학 박사 학위를 받았다. 이후 마르크스의 사상은 더욱 급진적으로 변해 헤겔의 관념론을 비판하고 유물론적인 입장을 정리했다.

마르크스는 교수가 되려고 했으나 유대인 신분으로는 그러한 기회가 주어지지 않았다. 대신 고향으로 돌아와 진보 성향 언론인 『라인신문』을 창간하고 독일의 정치와 경제에 비판적인 논조로 글을 썼다. 결국 『라인신문』은 정부의 언론 탄압으로 폐간되었다. 폐간 당시 마르크스는 독수리에게 괴롭힘을 당하는 프로메테우스 그림을 신문에 싣고, 이렇게 썼다. "프로이센 정부에 의해 편집장직을 사임합니다."

탄압이 심해지자 마르크스는 프랑스 파리로 이주하여 프랑스 사회주의자들과 접촉했고, 블랑키가 이끄는 '의인동맹'이라는 혁명적 비밀결사체에 가입했다. 파리 생활은 그의 평생 친구인 엥겔스를 만날 수 있는 운명적인 기회가 되었다. 아버지의 공장을 대리 운영했던 엥겔스는 영국 노동자 계급의 상황을 정확히 알고 있었고, 그에 관한 책도 저술했기에 마르크스 역시 엥겔스에게 큰 호감을 느끼고 있었다. 이후 마르크스와 엥겔스는 한 몸처럼 움직이며 급진적 운동을 이끌었고, 엥겔스는 마르크스에게 정신적이고 물질적인 후원자가 되었다.

마르크스는 프랑스에서조차 정착할 수 없었다. 급진적 인물이 체류하는 것을 기피한 프랑스 정부는 마르크스에게 추방령을 내렸고, 결국 그는 당시 엥겔스가 살고 있던 영국으로 망명해 죽는 날까지 그

너무 재밌어서 잠 못 드는 철학 수업

곳에서 살았다.

마르크스에게 경제학을 공부하라고 권유한 것은 엥겔스였다. 마르크스는 영국으로 망명해 경제학에 몰두했고 그 결과물이 바로 『자본론』이다. 비판적인 철학적 경향성을 띠었던 마르크스의 초기 사상은 이제 노동자들의 다양한 저항운동과 경제학의 영향을 받아 정치경제학으로 영역을 넓혀나갔다. 마르크스는 자본주의의 메커니즘과 구조를 연구하는 동시에 이를 극복할 수 있는 사회운동을 조직했다.

그는 엥겔스와 함께 1846년에는 『독일 이데올로기』를, 1848년에는 『공산당 선언』을 발표했다. 이 선언은 비밀결사 조직이었던 의인동맹을 공개 조직인 공산주의자 연맹으로 탈바꿈시켰으며, 마르크스와 엥겔스는 이후 명실상부한 혁명 조직의 지도자들이 되었다. 마르크스는 이후 저작물에서 자본주의의 필연적 몰락과 노동자의 승리를 확신하는 정치경제학적 입장을 견지했다.

1840년대 혁명의 물결이 지나가고 1850년대 세계적인 호황이 유지되자 혁명운동은 분열하기 시작했다. 마르크스는 세계 혁명운동을 자세히 관찰 분석하면서도, 자본주의 경제 연구에 더욱 몰두했다. 마르크스는 대영박물관에 출근하다시피하면서 영국의 정치경제학을 공부했다. 『자본론』을 집필하기 위한 초고도 이때 나왔다. 본래 3권으로 계획했던 『자본론』은 마르크스 생전에 1권만 출간되었고, 그의 사후 엥겔스가 나머지 원고를 정리해 2, 3권이 출간되었다. 마르크스는 1883년 64세의 나이로 사망했다.

혁명의 동반자

프리드리히 엥겔스(Friedrich Engels)

1820년 마르크스보다 2년 늦게 출생해 12년 늦게 사망한 엥겔스는 마르크스와 평생 동지이자 공동 저술자, 후원자로 살았다. 영국의 노동자들을 직접 접하면서 그들의 경제적 생활 상태, 정치적 무권리 상태를 뼈저리게 느끼며 노동운동을 함께했다. 그가 쓴 『정치 경제학 비판 요강』(1844)과 『영국에 있어서의 노동자 계급의 상태』(1845)를 보면 일찍이 그의 관심사가 어디에 있었는지 알 수 있다.

이후 마르크스와 공동으로 『신성가족』과 『독일 이데올로기』를 썼으며, 마르크스가 쓴 『공산당 선언』(1848)의 초안인 『공산주의의 원리』를 쓰기도 했다.

마르크스와 함께 세계 최초의 노동자 국제조직인 제1인터내셔널을 결성해 활동했고, 마르크스 사후에는 노동운동의 지도자로 활동했다. 마르크스의 미완성작 『자본론』 2, 3권을 정리해 출간했으며, 『반뒤링론』(1878), 『가족, 사유재산 및 국가의 기원』(1884), 『포이에르바하와 독일고전철학의 종말』(1886)을 썼다.

1895년 8월 5일 식도암으로 사망했고 그의 유언대로 화장하여 유골을 바다에 뿌렸다.

마르크스는 평생을 혁명운동과 함께했으며 노동자 편에 섰다. 열정적 토론가이자 천재적 집필가였으며, 공산주의 운동의 지도자였다. 하지만 그의 사생활은 우여곡절이 많았다. 귀족 집안의 딸인 예

너무 재밌어서 잠 못 드는 철학 수업

니 베스트팔렌과 결혼한 후 친가, 처가와 모두 소원해졌다. 그의 가족들은 마르크스 부부의 삶을 이해하려고 하지 않았다. 그는 아내와 아이들을 사랑했지만, 가난으로 많은 자식을 잃었다. 마르크스 가의 불행은 거기서 끝나지 않았다. 마르크스 사후 1898년 그의 딸 일리노어는 43세에 자살했고, 1911년 로라는 66세의 나이로 자살했다.

의심의 대가들

철학사를 살펴보면 '의심의 대가'라 불리는 세 사람을 만날 수 있다. 니체, 프로이트 그리고 마르크스다. 그렇다면 마르크스는 무엇을 의심했을까?

우선 그는 근대의 이성적인 인간관을 의심했다. 마르크스에게는 인간에게 시대를 뛰어넘는 보편적인 본질이 있다고 믿는 것 자체가 잘못된 관념이었다. 그는 인간을 보편적인 존재가 아닌 사회적, 역사적으로 이루어진 가변적 존재로 파악했다. 마르크스에 따르면 모든 인간에게는 순수한 선험적 이성이 있다고 생각했던 칸트, 절대정신에 의하여 인간의 이성을 해명하려고 했던 헤겔, 보편적인 인간의 본질을 캐내려는 포이에르바하의 노력 모두 추상적이고 잘못된 것이었다. 그에게 인간이란 주어진 현실로부터 파악해야 하는 구체적인 존재였다.

둘째, 그는 계급사회에서 모든 사람이 찬성할 만한 입장과 태도가 있다는 것을 의심했다. 그에 따르면 철학은 만인의 것이 아니라 계급적인 것이었다. 즉, 철학은 애당초 편들기를 위한 도구에 지나지 않는다. 그래서 그의 철학을 '편들기(당파성)의 철학'이라고 한다. 그는 자본주의사회를 노동자와 자본가라는 양대 계급으로 나뉜 사회로 보았고, 두 계급 중에서 노동자의 편을 노골적으로 들었던 것이다.

그래서 그는 자유, 평등, 평화 같은 이상적인 이념을 의심했다. 그에 따르면 계급사회에서는 아무리 아름다운 수식어도 사실 알고 보면 지배계급의 이데올로기(허위의식)에 지나지 않는 것이었다. 예를 들어 자본주의사회의 '자유'는 자본가들에게는 '소유의 자유'이며, 노동자들에게는 소유로부터의 자유, 즉 '무소유의 자유'에 다름 아니었다.

마지막으로 그는 세상을 해석하기만 하는 철학자들의 역할을 의심했다. 마르크스에 의하면 진정한 의미의 철학은 세상을 해석할 뿐 아니라 아니라, 세상을 실제로 바꾸는 데 기여해야만 한다. 인간은 그 의식에 따라 존재가 변화하는 것이 아니라 존재에 의하여 의식이 변화되기 때문에, 그 무엇보다도 존재의 변화를 추구하는 것이 철학의 진정한 임무이며, 존재의 변화를 사회적으로 이루어내는 것이 바로 혁명이다. 그는 이러한 관점에서 '철학의 종말'을 선언했다.

이처럼 그는 자본주의사회에 살면서, 화려한 겉모습 이면의 부패와 모순을 드러내고 계급적으로 해석했으며, 노동자의 편에 서서 현실적 변화를 촉구했다. 이런 이유로 그는 후대까지 불온적 인물로 취급받았다.

그를 이해하지 않고서는 현대 철학의 아주 큰 부분을 이해하지 못

한다. 현대 철학은 부정적이든 긍정적이든 그에게 빚을 지고 있다. 마르크스를 제외하고 현대 철학을 다루는 것은 기초공사를 하지 않고 건물을 세우려는 것과 마찬가지다. 그러니 그를 다루지 않을 수 없다.

혁명을 위한 삼중주

마르크스에게는 세 가지 전문분야가 있었다. 철학, 경제학, 그리고 정치학이다. 마르크스에게 이 세 가지 분야는 별개의 것이 아니다. 오히려 이 세 가지는 절묘하게 하나의 화음을 만들어내고 있다. 세 가지 화음으로 이루어진 곡조의 제목은 '혁명'이다. 그의 철학을 이해하기 위해서는 우선 그가 탐구한 이 세 가지 분야에 대해 개괄적으로 알아볼 필요가 있다.

그의 사상에는 세 가지 뿌리(원천), 독일의 고전철학, 영국의 정치경제학, 프랑스의 사회주의가 있다. 그의 사상은 이 세 가지 영역의 학문이 근본적으로 재탐구되어 형성된다. 다음 도표를 보자.

아래 도표 전체는 참고만 하고 여기서는 독일 고전철학에 대해 좀 더 이해하는 것으로 만족하자.

마르크스는 헤겔 철학을 깊이 연구했다. 그가 영향을 받은 것은 헤겔의 철학적 방법인 변증법과 발전적인 역사관이었다. 그러나 그는 헤겔의 체계에 대해 부정적인 입장이었는데, 이유는 헤겔의 관념론적 태도 때문이었다. 마르크스 또한 인간 이성의 진보와 역사의 발전을

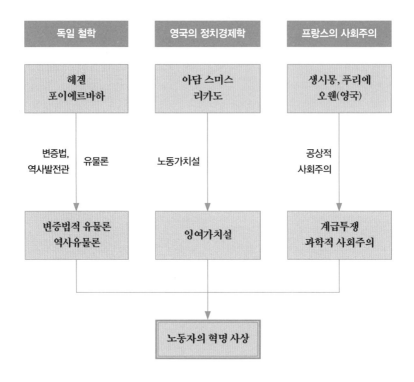

독일 철학	영국의 정치경제학	프랑스의 사회주의
헤겔 포이에르바하	아담 스미스 리카도	생시몽, 푸리에 오웬(영국)
변증법, 역사발전관 　유물론	노동가치설	공상적 사회주의
변증법적 유물론 역사유물론	잉여가치설	계급투쟁 과학적 사회주의

노동자의 혁명 사상

믿고 있었지만, 그것은 헤겔과는 달리 '절대정신'에 의한 것이 아니었
다. 인간 노동의 산물이었다. 헤겔은 〈정신현상학〉에서 인간의 역사
발전을 ('신'의 근대적 표현인) '절대정신'의 소외와 실현으로 설명하였
다. 인간의 역사를 관념(정신)의 역사로 설명한 전형적인 관념론이었
다. 마르크스가 보기에는 인간의 역사는 물질의 역사이며, 역사의 발
전은 인간 노동의 산물이었다.그래서 마르크스는 인간 노동의 역사를
추적하고, 노동의 역사 속에서 인간과 자연이 만나는 과정, 그리고 인

간과 인간이 맺는 관계에 주목했다. 그리고 이러한 노동의 과정을 살피는 것이야말로 역사를 해석하고 사회를 이해하는 올바른 태도라고 생각했다.

이러한 마르크스의 입장은 포이에르바하의 작업처럼 헤겔의 체계를 뒤집는 것이었다. 일찍이 포이에르바하는 인간에 의해 생겨난 관념이 역으로 인간을 지배하고 있다는 유물론적 입장을 주장하면서 기독교를 비판한 적이 있었다. 이와 마찬가지로 마르크스는 의식이 존재를 규정하는 것이 아니라 존재가 의식을 규정하는 것으로 보았다. 그는 이러한 유물론적인 입장을 사회에 적용하여 확장함으로써 철학 체계를 만들기에 이른다. 이 체계가 바로 **역사유물론**이다.

역사유물론은 한 사회의 진정한 모습을 그 사회의 관념에서 찾을 것이 아니라 그 사회의 물질적인 힘, 즉 경제의 구조와 흐름에서 찾아야 한다고 역설한다. 왜 마르크스가 말년에 경제학에 몰두했는지에 대한 이해의 실마리는 이 지점에서 찾을 수 있다.

한편 마르크스는 포이에르바하의 인간관을 부정했는데, 그 이유는 포이에르바하가 인간을 비록 유물론적으로 해석하기는 했지만, 그는 그러한 인간 이해조차 대단히 추상적이라고 판단했기 때문이다. 마르크스는 인간을 역사/사회적으로 주어진 현실로부터 파악해야 한다고 생각했다. 그는 인간의 이성조차 노동의 과정 속에서 얻어지고 역사적으로 축적된 산물이라고 보았다. 그런데 노동하는 과정에서 인간과 인간은 역사적으로 불가분하게 불평등한 관계를 맺게 되며, 그러한 불평등한 관계는 계급을 형성한다. 이렇게 형성된 계급의 역사적 싸움은 불가피한 것인데, 여기서 그의 독특한 철학적 입장인 **계급투쟁론**이 나온다. 이 지점에서 그가 왜 계급투쟁과 당시 노동자들에게 유행하고 있었던 사회주의(공산주의나 사회주의라는 용어는 마르크스가 만들어 낸 것이 아니다)에 관심을 갖게 되었는지 짐작할 수 있다.

마르크스뿐만 아니라 근대의 많은 철학자들은 직간접적으로 정치적 입장을 표명했고, 그것을 이론화하기도 했다. 마르크스의 독특한 점은 철학에 정치뿐만 아니라 경제의 영역을 결합했다는 것이다. 그의 철학 세계를 좀 더 쉽게 풀어보자.

세종대왕과 나의 꿈속 대화

철학의 기초는 인간에 대한 철학자의 이해다. 인간에 대한 해석은 세계에 대한 해석이다. 즉 인간을 어떻게 보느냐에 따라서 철학은 엄청난 차이를 나타낸다. 따라서 우선 마르크스의 인간관을 살펴보도록 하자.

꿈속에서 내가 세종대왕을 만났다(고 치자). 나는 너무도 기쁜 나머지 세종대왕에게 엎드려 조아린다. 지폐 속에서나 보던 분을 만나니 내 어찌 즐겁지 아니하랴! 서서히 그분에 대한 충성심이 발동해 나는 할 말, 못할 말을 모두 하게 된다. 다음은 그분과의 대화다.

세종대왕 아니 너는 대체 누구냐? 그리고 네 차림이 어찌된 것이냐?

나　차림에 대한 연유는 차차 소상히 말씀드릴 터이니 너무 유념치 마시옵소서. 소인 2천년대에 사는 김아무개라고 하옵니다.

세종대왕　그래, 그건 그렇다 치고. 무슨 연유로 나를 찾아왔는고?

나　소인, 마마께 청할 것이 있사옵나이다.

세종대왕　청할 것이라. 그래 무엇이냐?

나　반상제도(班常制度)를 폐하여 주시옵소서.

세종대왕　아니 내 이놈! 성현의 가르침을 거스르고 그 무슨 망발이란 말이냐!

나　마마, 그것이 순리이옵니다. 앞으로 수백 년 후 폐지될 제도를 마마께옵서 미리 용단을 내려주신다면, 후세에 기릴 남을 성군이 되실 것이옵니다.

세종대왕　네놈이 못하는 말이 없구나. 자고로 하늘과 땅이 있듯이 양반과 상놈이 나뉘는 것이 순리이거늘, 네놈이 어찌 미혹한 언사로 순리를 운운하느냐. 상종도 못 할 놈이로고. 여봐라! 게 아무도 없느냐! 이놈을 잡아다가 혹세무민의 죄로 엄벌에 처하거라.

나　(끌려가며) 마마 충언으로 말씀드리오니 통촉하여 주시옵소서.

나는 어찌 되었을까? 물론 나는 물볼기를 맞기 싫으니 꿈에서 화들짝 깨어난다(고 치자).

| 객관식 문제 |

세종대왕은 어찌하여 나의 충정어린 청을 받아들이지 못했을까?

① 우리가 믿고 있는 사실과는 달리 왕이 총명하지 못하여.

② 왕이 졸린 나머지 홧김에.

③ 내 몰골과 차림새가 미덥지 못하여.

④ 왕과 나의 시대와 관점의 차이 때문에.

정답: 4번

세종대왕이 아무리 총명하고 성군이라고 해도 시대를 넘어설 수는 없다. 내가 아무리 이성적으로 말씀을 드렸다고 하더라도, 세종대왕께는 쇠귀에 경 읽기였을 것이다. 왜일까? 세종대왕이 살았던 시대와 내가 살고 있는 시대가 너무나 다르기 때문이다. 한 시대에는 그 시대 고유의 가치관과 인간관이 흐르고 있다.

다름의 열쇠 1:
노동

마르크스의 인간 이해도 이와 마찬가지다. 마르크스는 인간을 보편적인 존재, 또는 절대적인 존재로 보지 않고 역사·사회적으로 변화하는 존재로 보았다. 근대 철학이 '인간 일반'을, 다시 말해 보편적 인간을 다루고 있을 때, 마르크스는 역사·사회적으로 변화하는 '구체적인 인간'을 탐구함으로써 근대 철학의 인간관을 새롭게 구축했다. 그렇다면 이러한 변화는 어떻게 가능한 것일까?

너무 재밌어서 잠 못 드는 철학 수업

헤겔에 의하면 그것은 절대정신의 계획이지만, 마르크스에게는 인간의 노동이었다. 즉, 헤겔이 절대정신을 중심으로 인간을 이해했다면, 마르크스는 인간의 노동을 통해 인간관을 구축했다. 그는 인간을 역사적으로 추적했다.

최초의 인간은 자연적인 존재였다. 그는 생존을 위해 노동을 했고, 이러한 노동의 과정이 역사적으로 축적되면서 처음에는 손으로, 나중에는 나무나 돌로, 더 나아가서는 청동이나 쇠를 녹여서 도구를 만들었을 것이다. 한편 이러한 요령을 전달하기 위해 처음에는 손짓 발짓을 하다 차차 음절이 분화되면서 언어가 생겨나고 점차로 정교화되었을 것이다. 인간의 지식이 축적된 것은 바로 이러한 언어의 탄생과 발달 때문이다. 인간의 이성은 이처럼 역사적으로 형성되었다.

마르크스는 이처럼 추상적인 관념으로 인간을 해명한 것이 아니라 구체적인 인간의 삶의 모습을 역사적으로 추적했다. 마르크스에 따르면 인간의 본성도 '각 개인에게 내재하는 추상적인 본질'로서의 이성이 아니라 역사적으로 축적된 인간 활동의 산물인 것이다. 마르크스가 이해한 인간은 일차적으로 노동의 과정을 통해 변화하는 역사적 산물로서의 인간이다.

다름의 열쇠 2:
계급분화

그러나 이러한 이해는 마르크스

인간관의 절반일 뿐이다. 마르크스는 '노동'이라는 개념을 통해 인간의 역사를 살펴보는 한편, 역사적으로 형성된 각 시대의 사회적 특징을 살펴봄으로써 더욱 구체적인 인간관에 도달한다.

잠시 세종대왕과 나의 꿈속 대화를 떠올려보자. 대화 주제는 반상제도에 관련된 것이었다.

| 객관식 문제 |

그렇다면 반상제도는 왜 생긴 것일까?

① 반상제도는 하늘의 순리이므로.
② 세종대왕의 기분에 따라.
③ 그냥 내려오는 제도를 고칠 수가 없어서.
④ 제도를 만든 지배계급이 자기의 지배적 지위를 더욱 튼튼히 하기 위하여.

정답: 4번

마르크스는 노동이라는 개념을 통해 인간과 자연의 관계뿐만 아니라 인간과 인간의 관계를 추적한다. 마르크스에 의하면, 노동하는 과정에서 노동의 결과물이 쓰고도 남을 만큼 생겨나면 인간과 인간이 맺는 관계는 평등한 관계에서 불평등한 관계로 바뀐다. 그에 따라 한 사회에서 지배적인 위치를 차지하는 인간 집단과 지배를 받는 위치를 차지하는 인간 집단이 형성된다. 마르크스는 이러한 인간 집단을

너무 재밌어서 잠 못 드는 철학 수업

계급이라고 불렀다.

이러한 계급의 분화는 사회 전반에 현저한 변화를 가져오는데, 그 변화는 단순한 노동 과정에서뿐만 아니라 정치, 문화, 예술 전반에서 변화를 낳는다. 일단 지배적인 위치를 차지하는 인간 집단은 자신의 지배를 더욱 확고하게 하기 위해 여러 가지 물리적인 장치와 제도를 만들어내어 피지배적인 인간 집단을 다스린다. 반상제도도 그러한 지배계급의 제도의 하나라고 볼 수 있다.

만약에 내가 세종대왕이 아니라 녹두장군 전봉준과 대화를 나누었다면 상황은 달라졌을 것이다. 나는 어쩌면, 전봉준 장군과 막걸리를 나누면서 거사를 계획하는 무리 가운데 한 명이었을지도 모른다. 이처럼 입장의 차이는 단순히 시대·역사적인 차이에서만 생겨나는 것이 아니라, 한 사회 내에서도 서로 다른 처지에 있는 사람들 사이에서 생겨나는 것이다.

마르크스는 이러한 처지의 다름을, 그리고 다름에 따른 갈등을 **계급투쟁**이라는 용어로 설명했다. 그는 유명한 저서 『공산당 선언』 1장의 첫머리를 이렇게 시작한다.

"지금까지의 모든 사회의 역사는 계급투쟁의 역사다."

정리하면, 마르크스는 노동의 개념을 통해 인간에 대한 유물론적인 관심에 도달했다고 볼 수 있다. 그는 '인간 일반'이라는 추상적인 접근을 거부하고 '구체적 인간', 즉 '사회관계 속의 인간'을 보았던 것이다. 다른 철학자들과 비교해 보자면, 데카르트의 이성, 칸트의 선험적 오성 등 인간 존재의 시대적인 차이를 무시하고 보편적인 것들만을 추출해내어 인간을 이해하려는 시도를 거부하고, 인간을 역사적인 맥락에서 이해하려고 했다. 마르크스가 포이에르바하가 주장하는 인간론을 생물학적이고 추상적인 인간의 이해라고 비판했던 것도 이러한 관점에서 이해할 수 있다.

한편 '사회관계 속의 인간'은 계급으로 나뉘어 있으며, 계급 간의 불평등한 관계는 계속해서 갈등을 낳는다. 마르크스는 그 갈등이 사회 발전의 원동력이라고 보았다. 이것이 **계급투쟁이론**이다.

힘이
아는 것이다

이제 마르크스가 말한 지식의 문제를 살펴보자. 지식의 문제는 진리의 문제이기도 하다. 진리의 문제를 심각하게 제기한 것은 근대의 산물이다. 중세에는 진리의 기준이 신이었기 때문에 진리의 문제는 앎의 문제라기보다는 믿음의 문제였다. 그러나 근대에 이르러 인간이 신의 자리를 차지하게 되자 인간의 지식의 문제 역시 새롭게 탐구되어야만 했다.

대부분의 근대 철학자들은 새로운 진리의 기준을 관념적으로 설정함으로써 이를 해결하려고 했다. 선험적인 오성과 이성의 기준에 따라 인간의 인식을 재구성하려 했던 칸트나 절대정신의 역사적인 완성 과정을 통해 인간의 인식을 해명했던 헤겔의 노력은 모두 그러한 노력의 산물이었다. 한편 마르크스는 지식에 대한 관념적인 기준의 설정이나 접근을 부정하고 구체적인 지식의 형성 과정을 추적했다.

마르크스에 따르면 인간의 지식은 추상적인 관념에 의해 획득되는 것이 아니라 역사적인 실천 과정을 통해 형성되는 것이다. 자연과학적 지식은 새로운 발견을 통해 이전의 지식이 부정되고 새로운 지식이 형성된다. 한편 자연과학의 지식이 실험과 발견에 의해, 즉 실천에 의해 증명되는 것이라면, 사회과학 역시 이와 유사한 방법으로 법칙을 발견하고 증명해야 한다. 사회 법칙의 증명은 관념의 그럴듯한 구상이 아니라 사회적 실천을 통해, 계급적 실천을 통해 이룩되는 것이다.

중세의 진리는 '저 세상'의 문제였다. 근대의 많은 철학자들 역시 중세를 넘어서려고 했으나 진리를 관념적으로 증명하려 함으로써 딜레마에 빠지고 말았다. 마르크스는 진리를 철저히 '이 세상'의 문제로 보았다. 진리가 이 세상의 문제라면, 이 세상에서 현실성과 타당성을 입증할 때 그것을 획득할 수 있다. 마르크스는 그 현실성과 타당성을 입증하는 것이 사회적 실천, 계급적 실천이라고 생각했다.

이러한 마르크스의 사고 속에서 근대 인식론의 역전이 일어난다. 근대 인식론의 정신을 한마디로 '아는 것이 힘이다'라고 말한다면, 근대 철학자들은 '아는 것'에 자신의 관심을 집중했다. 그러나 마르크스는 '아는 것'과 '힘'(실천)의 관계에 관심을 기울이고, 궁극적으로는 '힘'(실천)을 강조해 '힘은 아는 것이다'라는 사고를 가능하게 했다. 마르크스는 이런 정신을 이렇게 표현했다.

이제까지 철학자들은 세계를 단지 여러 가지 방식으로 해석해왔을 뿐이다. 그러나 문제는 세계를 변혁하는 것이다.

뿌리를
찾아서

철학자들은 자신이 바라본 사회현상을 규명할 근거를 찾는다. 그 이면의 본질은 무엇인지, 숨겨진 법칙은 없는지 고찰한다. 이 원인을 어디서 찾느냐에 따라 철학자들의 견해는 아주 다르게 나타난다. 헤겔이 이해한 역사는 절대정신의 발현에 원인을 두고 있다. 마르크스는 역사와 사회에서 일어나는 현상을 **생산력**과 **생산관계**의 변화의 결과로 보았다. 즉 헤겔이 의식에 의하여 존재를 규명하려 했다면, 마르크스는 사회적 존재에 의하여 의식을 규명하려 했다. 이런 점에서 헤겔이 철저히 관념론적이라면 마르크스는 철저히 유물론적이다. 다음의 그림은 헤겔과 마르크스의 역사/사회관을 비교한 것이다.

현상의 뿌리를 어디에 두느냐에 따라 그에 따른 행동도 다르게 나타나기 마련이다. 현상의 원인을 의식에 두는 사람들은 의식을 변화시킴으로써 현상을 바꿀 수 있다고 본다. 반면 현상의 원인을 존재에 두는 사람들은 바로 그 존재의 변화가 현상을 변화시킬 수 있다고 본다. 물론 마르크스는 후자에 속했다.

마르크스는 사회에서 일어나는 다양한 모순들을 궁극적으로 해결

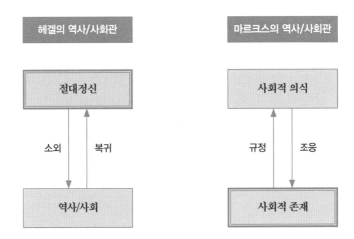

하기 위해서는 그 원인을 근본적으로 제거해야 한다고 생각했다. 마르크스가 본 사회현상의 원인은 바로 인간이 노동을 통하여 자연과 관계를 맺으면서 축적되는 생산력과 생산 과정에서 인간과 인간이 맺는 관계인 생산관계 사이의 모순이었다.

특히 마르크스는 자본주의사회에서 인간과 인간의 관계는 많은 사람이 생산하는 것을 소수의 사람이 소유하는 불평등한 관계일 뿐만 아니라 불합리한 관계이기 때문에 이를 극복해야 한다고 보았다. 마르크스가 전망한 사회는 불평등한 계급관계가 없어지고, 자유로운 인간관계 속에서 새로운 공동체가 형성되어 생산력이 비약적으로 발전하고 개인의 능력이 최대한 발휘되는 사회였다. 하지만 어떻게 이 오래된 불평등함을 없앨 수 있단 말인가? 마르크스는 과감한 주장을 했다. **사적 소유의 철폐**였다. 이것이 가능하려면 **혁명**이 필수였다.

마르크스는 이러한 관점에서 당대의 독일 상황을 옹호하는 헤겔의 철학적 태도나 이를 관념적인 비판으로 극복하려 했던 청년 헤겔학파들과 등을 돌리게 된다. 대신 그는 당대의 혁명적인 운동이었던 노동운동에 관심을 기울이고 깊이 개입했다. 그가 쓴 책의 대부분이 철학적 고찰만큼이나 노동운동에서 나왔다. 인류 역사의 유물론적 개론서에 해당하는 『공산당 선언』이 다음과 같은 문구로 끝나는 것은 그로서는 지극히 자연스러운 일이다.

"전 세계의 노동자여, 단결하라!"

나는 마르크스주의자가 아니다

당시 마르크스의 사고방식이나 저술은 인간의 현실에 부딪히는 문제들에 도전하기 위한 산물이었다. 그는 끊임없이 자신의 사고방식과 체계를 교정하고 변화시켰다. 이러한 그의 태도와 방법을 이해하지 못하면 그의 학문적인 성취를 화석화하는 결과를 초래한다.

마르크스의 당대뿐만 아니라 사후에도 그의 이론을 아전인수식으로 해석하고 왜곡하는 다양한 조류들이 생겨났다. 이러한 조류 가운데는 마르크스의 경제에 대한 강조를 왜곡해 경제결정론적인 사고를 하는 부류도 있고, 현실의 조건을 고려하지 않고 무조건적인 혁명을 통해 현실을 바꾸려는 모험주의적인 사고도 있다. 경제결정론적인 부류들은 경제 발전에 의하여 자연스럽게 혁명이 이루어진다고 생각하여 아무런 의식적 행동도 하지 않는 오류를 범하기도 한다. 마르크스는 이러한 무의식적이거나 모험적인 입장에 철저히 반대했다. 한마디로 그는 자신의 견해를 왜곡하여 어떠한 주의로 만들려는 모든 시도에 반대했다.

마르크스에게 중요했던 일은 인간이 처해 있는 물질적인 관계를 해명하고, 그러한 조건 속에서 혁명의 가능성을 검토함으로써, 인간 해방의 구체적인 방향을 설정하는 것이었다. 그러한 작업은 몇 가지 견해를 강조함으로써 얻어지는 것이 아니라 끊임없이 현실을 연구하고 그 현실에 개입할 때 가능했다. 그는 자신을 우상화하고 화석화하려는 당대의 모든 시도에 반대하여 다음과 같이 말했다.

"나는 마르크스주의자가 아니다."

뿌리 깊은 나무

소련 등 공산주의 국가가 세워지고 나서 마르크스주의는 공산주의 국가의 공식 이념이 되었다. 그 결과 그의 해방적인 입장은 공산주의 국가의 지배층의 지배 이데올로기로 변해 버렸다. 그들은 마르크스 철학의 장점이었던 현실에 대한 구체적인 분석과 연구를 축소하고 지배 이데올로기의 옹호 차원에 국한하여 화석화시켰다.

한편 마르크스주의의 이러한 변질과 화석화에 반대하여 마르크스의 사상을 재구성하려는 다양한 시도들이 철학적 정치적 영역에서 일어난다. 마르크스주의와 실존주의를 결합하려 했던 사르트르, 이탈리아의 현실을 분석하면서 마르크스주의를 재구성했던 그람시, 마르크스주의의 사회비판이론을 비판함으로써 자신들의 입장을 세웠던 프랑크푸르트학파, 구조주의와 마르크스주의를 결합하려고 했던 루이 알튀세르, 후기 자본주의사회의 문화를 마르크스주의의 입장에서 분석하고 해명하려는 프레드릭 제임슨 등의 노력은 마르크스주의가 현대 서구 철학 사상에 얼마나 뿌리 깊게 파고들어 있는지 보여준다.

우리는 아직 마르크스가 내린 철학의 거대한 뿌리에서 어떠한 열매가 맺힐지 알지 못한다. 그러나 마르크스가 근대 철학에 제기했던 문제들이 현대 철학에서 계속해서 검토되고 있다는 사실은 많은 것을 시사한다.

마르크스의 숨겨진 절반
예니 마르크스(Jenny Marx)

동향 출신인 마르크스의 아내 예니는 마르크스보다 4살 연상이었지만 마르크스와 어린 시절을 함께 보냈다. 예니의 아버지 베스트팔렌 남작은 귀족이었지만 개혁사상을 지지하는 열린 사람이었다. 마르크스는 일찍부터 예니를 자신의 신붓감으로 여겼다. 예니 또한 열정에 찬 젊은 마르크스를 동경했고 신분을 뛰어넘는 사랑이 시작되었다. 마르크스는 예니와 결혼하기 위해 『라인신문』에 취직했고 이

내 편집장이 되었다. 예니는 신분적 차이를 개의치 않는 진보적 여인이었기에, 기꺼이 26살의 가난뱅이 청년 마르크스와 결혼했다. 예니의 부모는 결혼을 반대했으나 예니의 결심은 굳었다. 그들은 1843년 독일을 떠나 프랑스 파리로 건너갔고 동고동락했다. 프랑스에서도 추방된 부부는 1845년 벨기에 브뤼셀로 건너갔고, 그곳에서 동지적 관계를 유지했다. 예니는 마르크스의 저작활동을 돕기도 했다. 마르크스는 워낙 악필이어서, 그의 글을 정서하는 것은 예니의 몫이었다. 1849년에는 벨기에에서도 추방되어 결국 최종 망명지인 영국으로 향했다.

가난에 시달리고, 그로 인해 아이마저 여럿 잃었지만 예니는 마르크스를 떠나지 않았다. 심지어는 하녀인 헬렌과 마르크스 사이에서 아이가 태어났지만, 예니는 그때도 마르크스 곁을 지켰다. 동지인 엥겔스의 경제적 도움에도 가난은 그들을 떠나지 않았다. 딸 프란치스카와 아들 에드가도 죽고 말았다. 일곱 명의 자녀 중 네 명이 굶주림과 질병으로 죽었다. 그들 곁에는 딸 셋만 남았다. 예니의 아버지인 베스트팔렌 남작이 죽자 예니는 적지 않은 유산을 물려받아 그나마 안정적 생활을 유지할 수 있었다.

마르크스는 경제적으로는 철저히 무능한 사람이었다. 그러나 그가 혁명에 대한 불굴의 의지로 저술 작업을 멈추지 않고 계속할 수 있었던 것은 그의 곁을 굳건히 지켰던 아내 예니가 있었기 때문이다. 그렇게 마르크스 곁을 지키던 예니가 1881년에 질병으로 사망하게 된다. 런던 하이게이트 묘지에서 열린 장례식에서 프리드리히 엥겔스가 비통한 마음으로 조사(弔辭)를 읽었다. 조사는 이렇게 시작된다.

"여기 한 여인이 있습니다. 날카롭고 비판적인 지성을 가졌고, 뛰어난 정치적 감각을 보였으며, 활력과 열정으로 투쟁 중인 동지들에게 헌신한 여인. 하지만 그녀가 40여 년간 해왔던 운동에 대한 기여는 널리 알려지지 않았습니다."

예니의 묘비명에는 이렇게 쓰여 있다.

"마르크스를 만든 결정적인 동반자, 정치적 박해 속에서도 빛난 카를 마르크스의 절반, 예니 마르크스"

아내인 예니를 잃고 생의 동력을 상실한 마르크스는 1년 3개월 뒤에 세상을 떠났다. 마르크스 없는 예니는 상상할 수 있었지만, 예니 없는 마르크스는 상상할 수 없다.

너무 재밌어서 잠 못 드는 철학 수업

니체
망치로 철학하는 법

"우상의 파괴 – 이것은 이미
내 작업의 일부다."

우상 파괴자,
니체

프리드리히 니체(Friedrich Nietzsche)
는 1844년 프로이센 작센 주의 뢰켄에서 목사의 아들로 태어났다. 그
밑으로 남동생 요제프, 여동생 엘리자베스가 태어났으나 남동생은 2
살 때 죽고, 누이만 남았다. 니체가 5살 되던 해, 아버지마저 돌아가시
자 니체의 어머니는 가족을 이끌고 할머니가 살고 있는 나움부르크
로 이사를 갔다. 니체의 주변은 온통 여자들뿐이었다.

7살에 칸디다텐 베버라는 사설 교육시설에 들어가 종교, 라틴어, 그
리스어 수업을 받았고, 어머니에게 피아노를 선물받고 음악을 배우기
도 했다. 니체는 어려서부터 음악과 시에 남다른 재능을 보여 주위 사
람을 놀라게 했다. 9살에는 돔 김나지움에 입학하여 작시와 작곡을 시
작했고 14살에는 사립 명문 슐 포르타에 입학해 인문계 중등교육을
받았다. 고전어와 독일 문학에 능통했고, 교회음악을 작곡했다.

18살에는 「운명과 역사」라는 글을 썼고, 20살에 본 대학에서 신학

과 고전문헌학을 전공하기 시작했지만 이후 신학은 포기했으며 그와 더불어 신앙도 상실했다. 이러한 선택에는 저명한 문헌학자 프리드리히 빌헬름 리츨의 영향이 컸다. 니체는 21살 때 스승 리츨을 따라 라이프치히 대학으로 옮겼다. 그해 고서점에서 발견한 쇼펜하우어의 『의지와 표상으로서의 세계』를 읽고 빠져들었다. 이때 디오게네스를 연구하며 문헌학자로 이름이 알려지기도 했다. 23살에 군대 생활을 시작했으나 다음 해 낙마하여 가슴에 부상을 입고 군대를 그만 둔 후, 라이프치히로 돌아와 바그너를 만났다. 바그너와의 만남은 니체에게 깊은 영향을 끼쳤다.

오페라에 담긴 위험한 사상

빌헬름 리하르트 바그너(Wilhelm Richard Wagner)

독일 라이프치히에서 태어난 바그너는 9살 때부터 피아노를 배웠다. 젊은 시절에는 극작가가 되겠다는 꿈을 품고 라이프치히 대학에 입학하여 음악 수업을 받았다. 19살에 최초의 교향곡을 작곡하고 20살에는 첫 오페라 『요정』을 작곡했다. 젊은 시절에는 아우구스트 뢰켈이나 무정부주의자 미하일 바쿠닌 등과 교류하면서 좌익 활동을 전개했고, 그로 인해 1849년 독일 5월 혁명이 발발하자 혁명운동에 가담했다. 혁명은 좌절되었고 바그너는 독일에서 떠나 12년 동안이나 망명 길에 올라야 했다. 망명 생활 중 오페라가 음악, 노래, 춤, 시, 시각예술, 무대 기술 등의 종합된 개념인 '총체예술'이어야 한다는 견해를 발전시켰으며, 쇼펜하우어의 작품을 읽고 깊이 감명받아 작품에 그의 사상을 반영했다.

1864년 바이에른 왕국의 루트비히 2세가 즉위하자, 바그너의 오페라의 숭배자였던 루트비히 2세는 바그너를 뮌헨으로 불렀다. 이듬해 『트리스탄과 이졸데』가 뮌

헨 왕립극장에서 초연되었고 큰 성공을 거두었다. 성공 가도에 오른 50대의 바그너는 어느 날 열정에 가득 찬 한 청년을 만났다. 바로 니체였다. 두 사람은 나이 차를 뛰어넘는 우정을 나눴다.

1876년 바그너가 살던 바이로이트 시에 새 오페라극장이 완성되었고, 그해 이 극장을 중심으로 바이로이트 축제가 펼쳐졌다. 바그너의 대표작인 『니벨룽겐의 반지』도 이때 바이로이트 극장에서 최초로 상연되었다. 첫 바이로이트 축제가 끝난 후 바그너는 베니스로 요양을 떠났다. 그는 이곳에서 『파르시팔』의 작곡을 마쳤으나 건강은 계속해서 악화되었고 결국 1883년 71세의 나이로 사망했다. 바그너 시신은 바이로이트에 있는 반프리트 정원에 안장되었다.

바그너는 반유대주의적 입장을 취했고, 이는 바그너 사후에 나치에 의해 더욱 크게 선전되었다. 바이로이트는 독일 우파 국가주의의 거점이 되었으며 히틀러 역시 바그너의 숭배자를 자청했다. 이 때문에 지금도 이스라엘에서는 바그너의 작품을 연주하는 일이 불가능하다.

니체는 불과 25살 때 박사 학위도 없는 상태에서 이례적으로 스승 리츨의 추천으로 스위스 바젤 대학의 고전문헌학 조교수로 취임했다. 후에 고전문헌학 박사 학위를 받았다. 그는 스위스 국적을 신청하지 않은 채로 프로이센 국적을 포기함으로써 무국적자의 삶을 시작했다.

28살 때 첫 작품 『비극의 탄생』을 출간했으나 책이 팔리지 않고 혹평을 받자 상심했다. 그러나 그는 저술을 멈추지 않았다. 29살에는 『반시대적 고찰』, 32살에는 『인간적인, 너무나 인간적인』, 37살에는 『아침놀』을 썼다. 그사이에 존경해마지 않던 바그너와 결별했고, 지독한 병세 악화로 바젤 대학 교수직을 사임한 후 스위스 제네바로 휴향을 떠나 그곳에서 지냈다.

『아침놀』에 대하여 니체는 이렇게 자평했다.

이 책으로 도덕에 대한 나의 전투가 시작된다. 화약 냄새는 전혀 나지 않는 전투가. 예민한 코를 가지고 있는 자는 화약 냄새와는 완전히 다르면서도 훨씬 더 좋은 냄새를 맡을 것이다. 이 전투에서는 큰 포격도 없고 작은 포격도 없다.

니체는 솔직한 사람이었다. 마음에 들면 흠뻑 빠져들지만, 마음에 들지 않으면 과감하게 관계를 끊었다. 그는 바그너의 예술 세계를 흠모했지만 특유의 기독교 색채를 띤 애국주의와 반유대주의는 혐오했고 점점 이런 색채가 두드러지자 과감히 바그너를 버렸다. 그의 결단은 사람뿐만 아니라 기존의 사상에도 적용되었다. 그는 기존 도덕에 대한 타협 없는 전투를 시작했다.

스위스의 휴양 생활은 니체에게 축복과 같았다. 쉴즈마리아의 산책길에서 그는 **영원회귀**에 대한 구상을 떠올렸고, 이후 그의 저서를 관통하는 핵심 사상이 되었다. 38살에 『즐거운 학문』을 쓰기 시작했

너무 재밌어서 잠 못 드는 철학 수업

고, 39살에는 『차라투스트라는 이렇게 말했다』를 쓰기 시작했다. 이처럼 미친 듯이 집필에 몰두했지만 글은 오히려 농밀해졌다. 같은 시기 루 살로메를 만나 친분을 쌓기도 했다. 41살 니체의 역작 『차라투스트라는 이렇게 말했다』가 마침내 완성되었으나 출판할 곳을 찾지 못해 자비로 40여 권만 출판했다. 니체는 당시 독자들에게 불가해한 인물이었다. 42살에 쓴 『선악의 저편』도 자비로 출판할 수밖에 없었다. 그는 이렇게 푸념을 늘어놓았다.

> 내 모든 작품은 일종의 낚싯바늘이다. 나야말로 낚싯법을 누구보다도 잘 알고 있지 않겠는가? (…) 아무것도 잡히지 않는다면, 그건 내 잘못이 아니다. 고기들이 없는 것이다.

43살에 쓴 『도덕의 계보』도 자비로 출판했다. 44살이 되었을 때 『디오니소스 송가』, 『우상의 황혼』, 『반 그리스도』를 완성했다. 그해 11월 자신의 삶과 책을 소개한 『이 사람을 보라』를 썼다. 12월에는 『니체 대 바그너』를 완성했다. 그야말로 속전속결이었다.

불꽃 같던 그의 생애는 45살이 되는 1889년에 멈췄다. 그해 1월 투린의 칼 아버트 광장에서 채찍을 맞는 말을 끌어안고 눈물을 흘리다 혼절하여 정신병원에 입원한 후 1900년 56살에 사망할 때까지 정신을 되찾지 못했다. 니체는 시대를 앞서갔으나 그의 시대는 그를 외면했다.

그의 작품은 음악적인 요소와 시적인 요소가 혼합되어 있어 읽기가 쉽지 않다. 특히 그는 설명형 작법보다는 경구형 작법을 즐겨 사용해 후대에 수많은 해석의 여지를 남겼다. 뿐만 아니라 사후에 출판된 작품은 누이동생이 개작했다는 소문이 떠돌기도 했다. 한 여인을 열렬히 사랑했던 시인. 폭풍과 같이 글을 썼던 철학자. 25살에 고전문헌학 교수가 되었던 천재. 모든 권위를 부정하고 철퇴를 가했던 강철 같은 정신의 소유자이자 말년을 정신착란의 고통 속에서 보냈던 한 사람, 니체. 그는 정신 나간 철학자로, 파시즘의 옹호자로 알려져 있기도 하다. 그러나 현대의 수없이 많은 철학자들이 그를 복권시키고, 그로부터 대체불가능한 영감을 받은 것 또한 사실이다.

이 제목을
보라

이제 니체의 사상에 대해 좀 더 구체적으로 알아보자. 니체의 철학은 일견 난해하게 느껴지지만 몇 가지 요소만으로 꽤 많은 것을 유추할 수 있기도 하다. 니체 철학과 연관된 단어를 몇 가지만 떠올려보자. 얼추 다음과 같은 말이 떠오를 것이다. 디오니소스, 차라투스트라, 초인. 이 단어로만 비추어본다면 그의 철학은 신화와 깊은 연관을 맺고 있는 것으로 보인다.

한편 그가 쓴 책의 제목만으로도 그의 철학적 경향을 짐작할 수 있다. 『반시대적 고찰』, 『인간적인, 너무나 인간적인』, 『즐거운 학문』, 『차라투스트라는 이렇게 말했다』, 『선악을 넘어서』, 『도덕의 계보』,

『우상의 황혼』, 『반 그리스도』, 『바그너 대 니체』.

이를 통해 그는 바그너에게 많은 영향을 받았으며, 반 기독교적이고, '반 시대적'이며, 기존의 우상을 가차 없이 깨부수고, '선악을 넘어' 도덕의 계보를 추적함으로써 도덕의 본질을 밝히고, '인간적인' '즐거운 학문'을 탐구했으며, 그러한 학문의 정수가 바로 '차라투스트라'라는 한 신의 이름으로 발현되고 있음을 알 수 있다.

시작이 반이라고 벌써 우리는 니체 철학의 핵심에 반은 도달한 셈이다. 그러나 방심하지 말기를. 니체는 자신의 책을 읽는 독자에게 이렇게 경고한다. "독자들은 거의 소가 되어야 하며, 그리고 어떠한 경우라도 '현대인'이 되어서는 안 된다. 즉 되새겨야 한다는 말이다." 앞으로 우리가 만날 니체는 가벼운 길잡이일 뿐, 진정한 니체를 만나기 위해서는 그의 책을 꼼꼼히 되새겨 읽을 필요가 있다.

디오니소스 찬가

니체는 자신의 책에 수많은 역사/신화적 인물들을 등장시켰다. 그리고 등장인물들을 대비시켜 기존의 철학과 자신의 철학을 구분하려 했다. 다음은 그가 자신의 철학을 설명하기 위해 대비한 인물(용어)들이다.

이상의 인물(용어)들은 그의 전 저작에 광범위하게 등장한다. 그의 철학적 태도를 알기 위하여 디오니소스와 아폴로에 대하여 살펴보기

긍정적으로 다룸	부정적으로 다룸
디오니소스	아폴로
그리스인	소크라테스
차라투스트라	그리스도
강한 자 / 주인 / 야수	약한 자 / 노예 / 가축
초인	종말인(현대인)

로 하자.

니체의 첫 책 『비극의 탄생』에 등장하는 디오니소스는 그리스 신화에 등장하는 신으로, 술의 신 바커스, 환호하는 자라는 의미의 야코스, 북, 피리, 심벌즈 따위로 시끄러운 연주를 하는 제의의 신 브로미우스로도 불린다. 그는 혼돈, 도취, 광란, 생의 충동 등을 상징한다. 반면 아폴로는 밝음, 빛, 질서 등을 상징한다.

이러한 대비는 니체 철학의 핵심을 관통한다. 그는 디오니소스라는 상징적 인물을 들어 모든 예술 작품의 원리와 더 나아가 세상의 모든 것을 설명하려 하기 때문이다. 니체에게 참된 예술이란 바로 생의 거침없는 표현이자, 부끄럼 없는 광란이고, 탐닉하는 도취에 다름 아니다. 그는 이러한 예술의 모델을 바그너에게서 발견했기에 한때 열광했던 것이다.

당시의 독일은 이런 니체의 이상과는 거리가 멀었다. 독일의 교양

너무 재밌어서 잠 못 드는 철학 수업

세계는 겉으로는 뻔지르르하지만 알맹이는 거의 찾아볼 수 없는, '여론'에 의해 좌우되는 속물적인 것이었다. 그리하여 니체는 독일 교양에 대하여 거침없는 비판과 해체의 작업을 시작한다. 니체가 보기에 독일 교양은 현실을 외면하는 관념론과 저세상을 꿈꾸는 기독교 사상의 짬뽕이었다. 니체는 관념론의 대표주자인 소크라테스와 기독교를 대결의 상대로 선택했다. 싸움에서 숫자로 밀릴 때는 적의 최강자를 무력화하는 것이 가장 좋은 전략이다. 니체가 선택한 전략도 바로 그런 것이었다.

바보 소크라테스

우리는 흔히 소크라테스를 '현자'로 알고 있다. 그는 철학사에서 가장 주목받고 존경받는 인물 중에 하나다. 오죽하면 세계 4대 성인의 반열에 들었겠는가. 그러나 니체는 이러한 우리의 상식에 정면으로 도전한다. 니체에게 소크라테스는 한낱 '교활한 한 마리의 짐승'에 불과했고 고작해야 '바보'일 뿐이었다. 그는 차라투스트라의 입을 빌어 소크라테스를 다음과 같이 평한다.

진리를 구하는 자라고 그대가? 햇살은 이렇게 조롱했다. 아니다, 시인일 뿐이다. 거짓말을 해야 하는, 알면서도 짐짓 거짓말을 해야 하는, 교활하게 약탈하며, 살금살금 기어 다니는 한 마리의 짐승. 먹이를 노리고, 알록달록한 가면을 쓰고, 스스로 가면이며 스스로를 먹이로 삼는 그런 자가 진리를 구하는 자라니. 아니다, 바보일 뿐이다, 시인일 뿐이다.

소크라테스는 그리스인들의 디오니소스적 삶을 거부하고 이데아라는 독을 이 세상에 퍼뜨린 장본인이었다. 그는 육체를 부정하고, 정신, 이성, 진리, 영혼을 외쳐대면서 대지의 삶을 부인했다. 니체가 보기에는, 소크라테스가 주장하는 이데아란 오히려 '감옥'이며, 본능적인 삶을 죽이는 질병에 다름 아니었다. 때문에 니체는 소크라테스의 죽음이 생을 긍정하지 못한 자의 위장된 자살이라 말했다.

소크라테스는 죽기를 원했다. 그에게 독배를 준 것은 아테네가 아니라 그 자신이었다. 그가 아테네로 하여금 독배를 주도록 만들었다.

이러한 니체의 태도는 단지 소크라테스에게만 적용되는 것은 아니다. 소크라테스 이후의 모든 철학에 해당되는 것이다. 그는 그 최초의 인물인 소크라테스에게 철퇴를 가함으로써 그 이후의 유사한 철학적 조류 자체를 일거에 부정하려 했던 것이다. 니체는 자신과 동시대인들이 바로 이 소크라테스적 철학에 오염되어 생을 긍정하지 못한다고 생각했다.

너무 재밌어서 잠 못 드는 철학 수업

원한과 증오의
기독교

생을 올바로 보지 못하게 하는 것은 소크라테스뿐만이 아니었다. 그는 기존의 철학적 세계 전체에 대해 전쟁을 선포함과 동시에, 당시 가장 강력한 종교였던 기독교에 철학적으로 대항한다.

니체는 기독교를 천민, 노예, 약자들이 강자에 대해 갖는 원한과 증오심의 산물로 생각했다. 그것은 힘없는 사람이 힘 있는 사람에게 저항하지 못하고, 대신 스스로를 위안하기 위하여 만들어낸 사기극에 다름 아니다. 약자는 자신의 약한 측면을 오히려 미화시켜 대결하지 않는 것을 '관용'으로, 억울하지만 참는 것을 '인내'로, 손도 쓰지 못하고 당하는 것을 '훈련'으로 여긴다. 대신 기독교도들은 이런 핍박에 대한 최후의 보상으로 '최후 심판의 날'을 상정하고 기다린다는 것이다. 즉 약자의 인내의 본질은 결국 자신의 무력함을 신이 대신 복수해주기를 바라는 원한과 증오의 심리에 가깝다.

더 큰 문제는 이러한 약자의 태도가 현실 세계에서는 강자로 둔갑된다는 데 있다. 기독교도들은 끊임없이 자신의 태도를 미화하고 강변함으로써 이 세상을 오염시키고 강한 자를 약한 자로 만들었으며, 야수를 가축으로 길들이고 생의 주인을 노예로 만들었다. 그 결과 이 세상은 철저히 무력화되었고, 병적인 세상이 되었다. 그러므로 이제 중요한 것은 이러한 사기극을 종식하는 것이다. 기존의 노예의 도덕과 가치를 전복하는 것이다. 기독교에 대한 니체의 분노는 다음과 같은 표현에 잘 나타난다.

> 기독교에 대한 이 영구한 고발을 나는 벽이 있는 곳이면 어느 벽이든 지 써놓으리라. 나는 장님까지도 보게 할 문자로 쓰리라. 기독교란 하나의 커다란 저주, 커다란 부패, 커다란 복수의 본능일 뿐이라고, 그리고 기독교는 불멸하는 인류의 영원한 오점이라고.

가치의 가치 -
도덕의 계보

이처럼 무모하리만치 과격하고 단호한 니체의 입장은 어디에서 나온 것일까? 그것은 후세에 이른바, **계보학**(genealogy)이라고 알려진 그의 철학적 태도에서 비롯된 것이다. '계보학'이란 당연시되어 의심하지 않았던 개념이나 가치(예를 들어 진리, 선, 이성)가 어떻게 만들어져 변화되며, 인간의 삶에 어떠한 영향을 미쳤는지를 연구하는 것을 가리킨다. 그러니까 니체는 우리가 당연하게 받아들이고 있는 개념이나 가치가 본래부터 있는 것이라기보다는 '어떠한 것'에 의해 만들어진 것이라고 보았다.

이 같은 전제로 니체는 기존의 모든 개념과 가치를 심판대 위에 올려놓았고, 그 개념이나 가치의 이면에 있는 것을 드러내려 했다. 니체에 의하면, 그것들의 이면에는 **권력의지**(Willen zur Macht)가 있다. 이 권력의지야말로 모든 것을 존재하게 하는 동력이 되는 것이다. 니체는 이러한 권력의지는 인간에게만이 있는 것이 아니라 모든 생물에게 있다고 보았다. 동물이 자신의 힘과 능력으로 권력을 유지하듯이, 인간 역시 자신의 힘과 능력으로 권력을 확보하려는 의지가 충분한 존재다.

인간의 도덕이나 철학의 이면에 바로 이 권력의지가 작동되고 있으며, 선, 진리, 이성 따위의 도덕이나 관념은 권력의지의 충동과 다를 바 없다. 그는 말했다.

'진리'는 충동과 욕구에 바탕을 둔 전반적인 평가로부터 유래한다. 진리는 환상, 오류, 유용한 거짓말, 속임수 등으로서 그 가치는 '생물학적 유용성'에, 그 기준은 '권리감의 상승'에 있다.

니체에 따르면, 이제 중요한 것은 무엇이 옳고 그르냐가 아니다. 문제는 우리의 원초적인 욕망인 권력의지에 따라 권력의 증대로 나아가는 것에 있다. 이제 철학적인 모든 개념의 가치는 그 자체가 중요한 것이 아니라, 그 가치를 가치 있게 보이려는, 그 '가치의 가치'인 권력의지에 종속된다.

망치로
철학하는 법

물론 니체가 '네 멋대로 살아라!' 라고 말하는 것은 아닐 것이다. 오히려 니체의 진정한 요구는 우리가 당연하다고 생각하는 모든 가치에 대한 재평가가 아닐까? 그 속에서 진정한 삶의 의미를 찾으라는 말은 아닐까?

1888년에 쓴 그의 저서 『우상의 황혼』은 이러한 부제를 달고 있다. '망치로 철학하는 법!' 그는 우리가 주저하지 않기를 바란다. 우리는 약자의 가치가 지배하는 세상에 길들여져 있고, 그것이야말로 우리에겐 가장 큰 저주다. 약자의 가치를 오해하지 말기를. 우리를 주인으로 만들지 못하고, 세상에 길들여진 채 노예처럼 살아가게 하는 온갖 가치들이 니체가 말하는 약자의 가치다. 노예가 아니라 주인이 되려면 늘 새롭게 자신을 창조하는 강자가 되어야 한다. 그러려면 우리의 삶을 노예화하는 사슬을 망치로 깨부수고 해방되어야 한다.

니체는 우리에게 해방자가 되라고 권고한다. 그것은 신에게서 오는 것이 아니라 바로 우리 자신 속에 있음을 선포한다. 해방을 방해하는 모든 것을 철저히 격파함으로써 진정한 삶을 되찾으라고 권고한다. 모든 우상을 격파하고 동굴에서 나오라는 그의 외침은 망치처럼 우리의 뇌리를 때린다.

나는 망치이다. 이제 나의 망치는 형상을 감금하고 있는 동굴을 격노하여 내리친다. 부서진 바위 조각들이 비처럼 흩어진다.

주사위, 허무주의, 초인

니체가 이해한 세상은 두 개의 주

사위 놀이와 같았다. 그는 주사위를 **힘**으로 파악한다. 이 두 힘의 총합은 늘 같다. 매번 던질 때마다 우연한 숫자가 나오는 놀이. 그리고 그 놀이의 무한한 반복. 차이와 반복의 끝없는 연속. 그는 이런 세상을 **영원회귀**라는 말로 표현했다.

필연성은 없고 우연성이 지배하는 세상. 그렇다면 그의 철학적 결말은 허무주의로 귀결되지 않을까? 그렇다. 중세에는 신이 중심에 있었기 때문에 철학적으로 허무주의는 없었다. 인간이 신을 죽인 이후, 인간은 허무주의에 빠졌다. "허무주의란 무엇인가. 그것은 최고의 가치들이 박탈되는 것이다. 목표는 없다. 왜라는 물음에 대한 답은 없다." 그러나 니체의 허무주의는 패배적인 허무주의가 아니라 그 허무를 뛰어넘어야 하는 '능동적 허무주의'다.

니체는 이러한 인물의 표상으로 **초인**을 그리고 있다. 이 초인은 삶의 영원회귀를 알고 있기 때문에 현실에 충실할 수 있는 인간, 순간을 영원처럼 살 수 있는 인간, 창조와 쾌락의 원칙에 따라 해방된 삶을 살아가는 인간이다. 그래서 초인은 이렇게 외친다.

오, 내 머리 위에 펼쳐져 있는 하늘이여, 너, 티 없이 맑은 자여! 드높은 자여! 내게 있어서 너의 깨끗함, 그것은 네게는 영원한 이성이라고 불리는 거미가 존재하지 않으며 그런 거미줄도 쳐 있지 않다는 것이다. 내게 있어서 너는 신성한 우연이라는 것이 춤을 추는 무도장이며 신성한 주사위와 주사위 놀이를 즐기는 자를 위한 신의 탁자라는 것이다!

낙타, 사자, 어린아이

니체는 차라투스트라의 입을 빌어 인간의 정신에는 세 단계의 변화가 있다고 이야기한다. 그 세 단계란 낙타의 단계, 사자의 단계, 어린아이의 단계다.

낙타 단계의 인간은 자신에게 주어진 짐을 지고 사막을 건넌다. 그것이 마치 숙명이라도 되는 양. 시대에 순응하고 시대에 발맞추며 살아가는 현대인들의 모습은 대부분 이 낙타를 닮아 있다. 노예처럼 살아가는 것이다. 하지만 사자의 단계에 도달한 인간은 자기에게 부과된 짐에 의문을 던진다. 의무로서의 삶이 아니라 자신이 살고 싶은 삶이 무엇인지 탐구하고, 자신을 억누르는 기존 체제와 권력에 저항한다. '해야 한다'의 단계에서 '하고 싶다'의 단계로 넘어가는 것이 바로 사자의 단계이고, 저항적 삶을 살 수 있게 된다. 새로운 것을 창조하지는 못하지만, 새로운 창조를 위한 자유를 쟁취하는 단계다.

마지막 단계는 바로 어린아이의 단계다. 자신의 삶을 긍정하며 새로운 세상을 창조할 수 있는 것이 바로 이 어린아이의 단계다.

어린아이는 순진 무구요 망각이며, 새로운 시작, 놀이, 스스로의 힘에 의해 돌아가는 바퀴이며 최초의 운동이자 거룩한 긍정이다. 그렇다. 형제들이여, 창조의 놀이를 위해서는 거룩한 긍정이 필요하다. 정신은 이제 자기 자신의 의지를 원하며, 세계를 상실한 자는 자신의 세계를 획득하게 된다.

너무 재밌어서 잠 못 드는 철학 수업

포스트모더니즘의
선구자

　　　　　　　　　　니체는 단지 동시대만을 비판하지 않았다. 그는 인류 역사의 뿌리를 뒤흔들어놓고 싶었다. 그가 지성의 대표 소크라테스와 종교의 대표 기독교를 신랄하게 비판한 것도 그 때문이었다. 그는 질서(아폴로)보다는 축제(디오니소스)를, 필연보다는 우연을, 절대보다는 다양성과 상대성을, 합리성보다는 비합리성을, 이성보다는 본능을 열광적으로 찬양했다.

　현대에 와서 포스트모더니즘 철학자들에게 니체가 특히 각광을 받는 것은 놀랄만한 일이 아니다. 현대사회의 거대한 기획들이 번번이 실패를 거듭했기 때문이다. 인간의 해방을 자처했던 사회주의 국가의 일단의 실험들이 실패로 끝이 났고, 풍요로운 사회를 약속하던 자본주의 국가 역시 소수에게 풍요로운 사회로 끝났다. 뿐만 아니라 현대사회는 놀라울 정도로 다양화되고 개별화, 익명화되고 있다. 이러한 상황에서 니체의 축제적, 열광적, 상대적, 비합리적, 본능적 언술은 현대사회를 해석하는 데 더욱 용이하고 적합하게 보일는지도 모른다. 그런 의미에서 그는 현대를 예견한 선구자라고 할 수도 있을 것이다.

　니체는 당대에 인정받지 못하고 철저하게 외로운 삶을 살아야 했으며, 심혈을 기울여 쓴 글들도 혹평을 받으며 독자로부터 외면당해왔다. '모든 이를 위한' 책이었지만 '아무도 이해하지 못하는' 책으로 대접받았을 때 니체의 심정은 어땠을까? 하지만 그는 글쓰기를 멈추지 않았다. 니체는 자신의 운명을 알기나 했는지 다음과 같은 시를 남겨놓았다.

언제나 많은 것을 일러야 할 이는
많은 것을 가슴 속에 말없이 쌓는다.
언젠가 번개에 불을 켜야 할 이는
오랫동안 구름으로 살아야 한다.

사랑보다 자유를 구하다
루 살로메(Lou Salomé)

릴케와 니체와 프로이트의와 깊은 교감을 나누어 더욱 유명해진 작가, 루 살로메
는 1861년 러시아 상트페테르부르크에서 프랑스계 러시아인 아버지와 북독일–
덴마크계 어머니 사이에서 5남 1녀 중 막내로 태어났다. 일찍이 루터교 교회 목
사를 사랑했지만 결혼을 원치 않았던 그녀는 스위스 취리히 대학으로 진학하면
서 러시아를 떠났다.

취리히 대학에서 철학, 종교학, 신학, 예술사 등을 공부했다. 건강 문제로 이탈리
아 로마로 휴양을 갔다가 젊은 철학자 파울 레를 만나 철학문제를 나누며 교감했
다. 파울 레는 그녀에게 니체를 소개시켜 주었다. 그녀를 만나는 모든 남자들은
그녀와 사랑에 빠지고 말았다. 그러나 그녀는 "남자들은 여자와 우정을 나눌 수
없나요?"라고 질문하며 적절한 거리를 두려고 했다. 이러한 태도 때문에 그녀를
사랑한 남성들은 괴로워했다.

38세의 니체는 21살의 루 살로메에게 이렇게 고백했다. "우리 두 사람은 함께 반
시간만 보내도 언제나 행복했습니다. 내가 지난 12개월 동안 위대한 작품을 완성
시킨 것은 우연이 아니었습니다." 루 살로메는 니체에게 영감의 원천이었다. 살로
메 역시 니체에 대한 책을 썼는데, 『작품에 나타난 니체』(1894)다. 니체는 사랑이

너무 재밌어서 잠 못 드는 철학 수업

이루어지지 않자, 평생을 독신으로 보냈다. 파울 레는 좀 더 극단적이었다. 루와 사랑이 이루어지지 않자 절벽에서 뛰어내려 생을 마감한다.

살로메가 36살이 되었을 때 22세의 문학청년 라이너 마리아 릴케와 만나 러시아로 여행을 떠났다. 릴케는 이에 보답이나 하려는 듯 수없이 많은 아름다운 시들

맨 왼쪽 루 살로메, 가운데 파울 레, 오른쪽이 니체. 채찍을 쥐고 있는 루 살로메의 모습이 인상적이다.

을 생산했다. 그중 한 작품이 그들 사이에 오간 마음을 짐작하게 한다. "내 눈을 감기세요/ 그래도 나는 당신을 볼 수 있습니다. // 내 귀를 막으세요 / 그래도 나는 당신의 음성을 들을 수 있습니다. // 발이 없어도 당신에게 갈수 있고 / 입이 없어도 당신의 이름을 부를 수 있습니다. // 내 팔을 꺾으세요 / 나는 당신을 가슴으로 잡을 것입니다. // 심장을 멎게 하세요 / 그럼 나의 뇌가 심장으로 고동칠 것입니다. // 당신이 나의 뇌에 불을 지르면 / 그때는 당신을 핏속에 실어 나르렵니다." 릴케에게 커다란 영향을 주었던 살로메는 끝내 사랑을 지속하지는 못했지만, 대신 『라이너 마리아 릴케』(1928)라는 작품을 남겼다.

1912년 바이마르에서는 정신분석학의 대가 프로이트를 만났다. 그녀는 프로이트로부터 인간 정신에 대한 깊은 통찰을 얻었고, 이 둘의 우정은 그녀가 죽을 때까지 지속되었다. 프로이트 역시 그녀를 마지막 제자로 여겼다. 그녀는 우정의 표시로 1931년 『프로이트에 대한 나의 감사』를 썼다.

그녀가 평생을 독신으로 산 것은 아니었다. 그녀는 언어학자 카알 안드레아스와 결혼은 했지만 성생활 없이 살았고 아이도 없었다. 그녀는 사랑보다는 자유를 갈구했고, 총명하고 아름다운 그녀의 매력에 많은 남자들이 모여 들었지만 아무도 그녀를 독점하지 못했다. 그녀는 온 힘을 모아 많은 소설과 수필 등을 썼다. 위에 언급한 작품 외에도 『하느님을 차지하려는 싸움』(1885), 『루트』(1895), 『모르는 영혼에서』(1896), 『에로티시즘』(1910) 등이 있다.

프로이트
이성은 주인이 아니다

우리는 능동적으로 사는
것이 아니라, 수동적으로
삶을 영위한다.

정신분석학의 창시자,
프로이트

지그문트 프로이트(Sigmund Freud)는 1856년 오스트리아 모라비아 주 프라이베르크 시에서 한 유태인 상인의 아들로 태어났다. 그가 유태인으로 태어나지 않았더라면 우리는 그의 이름조차 모르고 있을지도 모른다. 그는 정치가가 꿈이었으니까. 그러나 유태인으로 태어난 덕분에(?) 그는 자신의 꿈을 포기하고, 유태인의 직업 중에서 그나마 훌륭하다고 판단된 의사의 길을 걸었다.

프로이트는 빈 대학교의 의과대학에 입학하여 다윈주의자인 카를 클라우스 교수 밑에서 공부했다. 그는 이미 다윈의 『종의 기원』에 깊이 매료되어 있었다. 1875년에는 파리에서 장학생으로 5개월간 연구하였는데, 이때 히스테리와 최면술에 관심을 갖게 되었다. 이는 정신분석학을 창안하는 중요한 계기가 되었다.

프로이트는 오스트리아 동물학연구소에서 뱀장어를 수백 마리 해부하고 1876년 첫 논문인 「뱀장어의 청소」를 발표하지만 미완의 것이었다. 당시에는 살아 있는 유기체도 화학과 물리학과 마찬가지로 역학의 영향하에 있다는 역학적 생리학이 유행했는데, 프로이트 역시이 의견을 받아들였다. 1881년에 프로이트가 쓴 의학 박사 학위 논문은 「하급 어류종의 척수에 관하여」였다.

박사 학위를 받은 후 1885년 프로이트는 파리에서 체류하면서 돈이 잘 벌리지 않는 신경학 연구 대신 정신병리 치료로 진로를 선회한다. 그와 함께 파리에서 연구했던 사르코는 최면 기법을 주로 사용하였는데, 프로이트는 최면 기법의 치료가능성을 의심해 주로 자유연상과 꿈 분석 등을 통한 **대화 치료**를 했다. 이 대화 치료는 물리치료가 뭉친 근육을 풀듯이, 무의식에 강력하게 **억압**되어 있는 감정 에너지를 풀어주는 효과가 있었다. 이후 이 대화 기법은 정신분석학의 기초가 되었다.

프로이트는 환자에게도 임상 실험을 했지만 자기 자신 또한 분석의 대상으로 삼았다. 그는 40대에 수많은 심신 장애와 공포증에 시달렸는데, 이 시기의 자신의 꿈이나 기억 등을 탐색하면서 죽은 아버지에 대한 적대감과 어린 시절에 어머니에 대해 성적 감정을 느꼈음을 발견했다. 그는 이러한 자기 분석과 다른 환자들에 대한 분석을 집대성해 1900년 『꿈의 해석』에서 발표했다. 책은 초판 6백 부를 파는 데 8년이나 걸렸지만, 프로이트의 이론은 점점 많은 관심을 모았고 지지자도 늘어갔다. 프로이트는 지지자들과 함께 국제정신분석학회를 결성했다. 그의 지지자 중에서 나중에 프로이트와 결별한 인물도 많았는데, 아들러와 카를 융이 유명하다. 특히 카를 융은 성적인 요인으로 인간의 심리를 국한시키는 프로이트의 입장을 비판하면서 종교와 신비주의에 흥미를 보였으며 **집단무의식**이란 새로운 개념을 구현했다.

인간 의식의 원형을 찾아서
카를 융(Carl Jung)

스위스에서 목사의 아들로 태어났으나, 가문의 전통을 이어받지 않고 바젤 대학과 취리히 대학에서 의학을 공부하여 정신과 의사가 되었다. 프로이트와 함께 정신분석학을 연구하였지만, 오이디푸스 콤플렉스를 핵심으로 하는 프로이트 이론에 반대하여 집단무의식을 중시하는 자신의 독창적 이론을 전개했다. '그림자', '페르소나' '아니마' '아니무스' 등 다양한 정신분석학적 개념을 도입하여 자신의 이론을 더욱 정교하게 발전시켰다.

그는 인간 의식의 원형에 해당하는 신화나 설화, 종교에도 관심이 많았고, 불교나 기독교, 신비주의 등에 조예가 깊었다. 그의 학설은 신화학자 조지프 캠벨, 인류학자 클로드 레비스트로스 등에 영향을 미쳤다.

그가 쓴 책으로는 『정신 요법의 기본 문제』, 『원형과 무의식』, 『꿈에 나타난 개성화 과정의 상징』, 『인격과 전이』, 『인간과 상징』, 『정신분석이란 무엇인가』 등이 있다.

말년에 그는 자신의 의학 이론을 사회 이론으로 끌어올리려는 시도를 감행했는데 『토템과 터부』(1913)는 그 한 예이다. 니체가 자신의 의도와 무관하게 나치의 숭앙을 받은 반면, 프로이트는 전쟁이 터지자 나치의 끊임없는 탄압을 받았다. 나치는 프로이트가 세운 정신분석학회를 불법화했고, 재산을 몰수했으며, 책들은 모조리 태워버렸다. 처음에는 망명을 거부했던 프로이트는 1938년 나치 독일이 오스트리아를 병합하자, 결국 비엔나를 떠나 런던으로 이주했다. 담배를 사랑했던 그는 구강암에 걸려 수십 차례나 수술을 받았지만 완치되지 못한 상태였고 런던으로 망명한지 얼마 지나지 않아 1939년 9월 23일 사망하고 말았다. 그의 유해 역시 독일로 가지 못하고 영국의 골더스 그린 공동묘지에 매장되었다.

비록 나치의 탄압을 받아 망명 길에 올랐으나, 프로이트는 살아서도 명성을 누렸고, 죽어서는 더욱 알려졌다. 그는 정신분석학을 창시했을 뿐만 아니라 그의 이론을 사회 이론으로, 예술 이론으로 넓혀갔다. 그가 이론을 발표할 때마다 수많은 논쟁을 낳았고, 이후의 학계에서도 프로이트의 이론은 다양한 방식으로 해석되고 연구되고 있다.

미신도 종교도 아닌
꿈의 해석

프로이트가 누구인지, 무엇을 연구하였는지 잘 모르는 사람도 그가 쓴 책 『꿈의 해석』(1900)의 제목

정도는 들어보았을 것이다. 좀 더 교양 있는 사람이라면 한 걸음 더 나아가 『정신분석학 입문』(1917)이라는 책도 알지 모른다. 하지만 심리 상담이나 정신분석학이란 개념이 생소했던 시절, 많은 사람들은 기껏해야 『꿈의 해석』이라는 제목에서 받은 인상으로 그를 속단하기 십상이었다. 극단적으로는 어떤 이성적 사고에 기댄 용한 서양식 점쟁이 정도로 해석하는 사람들도 있었다.

하지만 프로이트의 작업은 그 대척점에 있다. 그는 꿈이 미신이나 종교의 영역에 속해 있던 시대에서 꿈을 진지한 분석의 대상이자 우리의 심리적 현실을 들여다보는 창으로 간주한 첫 번째 학자 중 한 사람이었다. 그의 이론은 어느 날 내려온 영험한 직감이 아니라 엄밀한 임상 실험의 결과였으며 그가 알아내고자 하는 것은 모호한 미래가 아니라 환자가 의식하지 못하는 과거와 그 과거가 현재에 미치는 영향이었다.

프로이트를 말할 때 꿈은 마치 열쇠와 같은 역할을 해서 좀 더 깊이 들어가볼 필요가 있다. 우선 다른 것부터 이야기해보자.

미녀와 추녀

오래 전 TV를 보던 중, 우연히 러시아의 최면술사가 20여 명에게 집단 최면을 거는 오락 프로그램을 보게 되었다. 최면대상자에는 내가 좋아하던 모 여배우도 포함되어 있어 더욱 흥미로웠다. 특정한 음악이 나오면 무당춤을 추도록 최면을 걸고, 깨어나게 했다. 최면에 걸렸던 사람들은 깨어나고 조금 후아까 들려주었던 음악이 흐르자 미친 듯이 무대로 뛰어나와 무당춤을 추기 시작하더니 음악이 멈추자 자신이 왜 무대에 있었는지 기억하지 못하고 머쓱해하며 자리에 앉았다. 다시 음악이 흐르면 절로 무당춤을 추고, 멈추면 머쓱해하고… 이런 장면이 수십 번이나 반복되었다.

맨 처음에는 재미로 보다가 수십 번이나 같은 장면이 연출되자 섬뜩한 기분이 들었다. 평소에는 얌전하고 아름답던 그녀가 갑작스럽게 넋 나간 추녀로 변한 것이다. 미녀 속의 추녀! 자신의 행위를 자신이 주체하지 못하는 이 어처구니없는 사태! 이렇게 극단적이지는 않더라도, 어쩌면 일상에서도 우리가 최면에 의해, 암시에 의해 선택하지 않은 행동을 하고 있다면 어떨까? 그리고 그 사실조차 깨닫지 못한다면? 그렇다면 우리는 과연 정말 우리의 행동을 이해한다고 할 수 있을까? 덧입힌 해석 혹은 오해일 뿐이지 않을까?

프로이트는 인간의 정신을 분석하면서 그 속에는 의식의 영역뿐만 아니라 무의식의 영역이 있다는 결론에 도달했다. 더 나아가 인간행위는 의식에 의한 것이라기보다는 근본적으로 무의식에 의하여 좌우된다고 생각했다. 모 여성탤런트의 경우는 보다 직접적인 최면암시에 의하여 발생한 것이지만, 정도의 차이는 있을지라도 우리 역시 무의식의 영향을 받는다는 것이다. 게다가 우리가 그런 영향을 받는다는 것을 인정하지 않는 것조차 무의식의 일부라고 프로이트는 생각했다.

프로이트는 다음과 같이 말했다. "우리는 능동적으로 사는 것이 아니라, 수동적으로 삶을 영위한다." 이 말이 의거하면 근대 철학의 전제가 대부분 무너지게 된다. 즉 근대 철학의 기반이 '생각하는(의식적인)' 인간, '구성하는' 인간이라면, 프로이트는 역으로 '생각하지 못하는(무의식적인)' 인간, '구성되는' 인간을 발견함으로써 그 기반을 뒤흔들어 놓았다. 프로이트는 무의식의 세계를 발견함으로써 근대적 인간관을 부정하였고, 새로운 인간관을 제시했다.

프로이트
해몽법

인간의 정신이 의식과 무의식으로 나뉘어져 있다면, 그리고 무의식의 영역을 의식으로 파악할 수 없다면, 우리는 어떻게 무의식을 파악할 수 있을까? 달리 묻자면 무의식의 존재를 어떻게 알 수 있을까?

프로이트는 무의식은 '직접적으로' 접근할 수 없지만, 분석가의 무의식을 거쳐 '간접적으로' 해석될 수 있다고 보았다. 인간의 무의식은 여러 가지 형태로 드러난다. 착각, 실수, 농담 등을 통해서도 무의식이 드러나지만, 가장 대표적인 예는 꿈이다. 프로이트는 "꿈은 무의식에 이르는 왕도(王道)다"라고 말하기도 했다. 그는 '꿈의 작업'과 '꿈의 해석'이라는 개념을 통하여 무의식의 세계를 탐구했다. 아래의 가상의 대화를 통해 그 개념들이 어떻게 적용되는지, 프로이트의 탐구가 어떤 것이었는지 보다 구체적으로 알 수 있다.

내가 배를 타고 망망대해를 항해하다가 불쑥 솟아오른 바위에 좌초된 꿈을 꾸었다면, 프로이트는 이를 어떻게 해석했을까?

프로이트 당신은 한 여자를 사이에 두고 다른 남자와 삼각관계에 빠져 있었는데 그 여자가 당신을 버리고 다른 남자의 품으로 넘어갔군요.

나 (들킨 듯이 놀라며) 아니 어떻게 그런 사실을?

프로이트 하하하. 그 정도의 꿈 해석은 기본에 속합니다. 대부분의 꿈은 무의식적인 욕망이 변형되어 나타나지요. 당신의 꿈도 그 예일 뿐입니다.

나 (무식을 한탄하며) 좀 더 자세히 설명을 해주실 수 없는지요?

프로이트 제 직업이 설명해주는 일인데, 왜 마다하겠습니까. 당신의 꿈은 이렇게 해석할 수 있습니다. 우선 '배'는 당신을 나타냅니다. '바다'는 여자를 나타내고요. 그리고 '불쑥 솟은 바위'는 또 다른 남자를 말합니다. 그러니까 당신이 배를 타고 망망대해를 항해했다는 것은 한 여자와 성교를 맺고 싶은 욕망을 나타내는데, 그 욕망이 좌초되고 만 것은 바로 성기처럼 불쑥 솟은 다른 남자의 등장 때문이지요. 당신이 꾼 꿈은 당신의 욕망이 그처럼 좌초되고 말았기 때문에 생겨난 것입니다.

나 (고개를 갸우뚱하며) 아니 그러면 선생님이 말한 대로 그 여자와 다른 놈이 나타나야지, 왜 바다와 바위로 나타났단 말입니까?

프로이트 그것은 '꿈의 검열관' 때문이지요.

나 꿈의 검열관이라뇨?

프로이트 꿈은 무의식의 내용을 의식의 세계로 나르는 기관차와 같
지요. 그렇지만 그 기관차가 의식의 세계로 오기 위해서는 몇 가지
절차를 거쳐야 합니다. 그러니까 기관차의 내용을 검열관이 검열
한다고나 할까요. 제 용어로 말씀드리면 꿈은 잠재몽과 현재몽으
로 나눠져요. 잠재몽은 우리의 욕망이 그대로 살아 있는 꿈을 말합
니다. 그런데 그 욕망의 대부분은 성적인 것과 연관되어 있기 때문
에, 그대로 드러난다면 사람들은 당황하게 되지요. 그래서 꿈은 그
대로 드러나지 않고 변형을 거쳐 상징적으로 드러나게 됩니다. 꿈
이 이렇게 변화되는 과정을 나는 '꿈의 작업'이라고 말하지요.

꿈의
작업

프로이트의 말에 따라 꿈이 나타
나는 과정을 도식화시키면 다음과 같다.

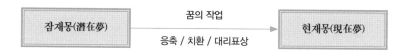

프로이트에 따르면 무의식에 숨겨진 내용이 우리의 꿈속에서 드러나기 위해서는 반드시 이 꿈의 작업을 거치게 되며, 그 작업의 대표적인 과정이 바로 **응축**, **치환**, **대리표상**이다.

응축이란 숨겨진 내용이 말 뜻대로 '뭉뚱그려져' 나타나는 현상을 말한다. 예를 들어 꿈속에 나타난 인물의 얼굴이 한 사람의 얼굴이라기보다는 자신이 경험한 여러 사람의 얼굴의 조합인 경우가 있다. 뿔은 사슴이고, 눈은 호랑이고, 코는 돼지인 용을 연상하면 쉽게 이해될 것이다.

치환은 숨겨진 내용이 암시적인 것으로 바뀌는 현상을 말한다. 일반적으로 바위나 막대기, 나무, 표창, 뱀, 칼, 촛대 등 길고 뾰족한 것은 남자의 성기를 나타내고, 동굴, 병, 상자, 지갑, 바다나 열쇠구멍, 우물같이 안으로 들어갈 수 있는 형태의 것은 여자의 성기를 나타내게 된다.

대리표상은 개념이 영상으로 바뀌는 현상을 말하는데, 예를 들어 '교활하다'라는 개념은 여우, '미련하다'라는 개념은 곰, '무섭다'라는 개념은 호랑이나 광포한 동물의 형상 등으로 나타나게 된다.

꿈은 이와 같은 작업을 거쳐 우리가 꾸는 형태인 **현재몽**으로 나타난다. 그런데 이 작업이 단순히 하나의 변형을 거치는 것이 아니라 여러 번의 변형을 거쳐 중첩되어 나타나기 때문에 우리는 쉽게 꿈의 원래의 모습을 볼 수 없다. 그러니까 검열관은 하나가 아니라 여럿이라는 말이다. 프로이트는 현재몽이 이러한 여러 작업을 통하여 겹쳐져서 드러났다는 의미로 **중층결정**(과잉결정)이라는 말을 사용했다. (후에

너무 재밌어서 잠 못 드는 철학 수업

알튀세르 등의 사회 철학자에 의하여 이 '중층결정'이라는 용어는 사회의 현상을 설명하는 데 유용한 개념으로 확장 사용된다.)

이러한 꿈의 작업을 거치지 않은 꿈을 우리는 악몽이라 여길 수 있다. 변형되지 않은 무의식을 맞닥뜨리는 것은 사람들의 마음에 큰 부담과 충격으로 다가오기에 악몽을 꾸면 우리는 깊게 자지 못했다고 느끼거나 깨어난다. 그러나 수면방해를 막기 위해서라도 무의식적으로 꿈을 '검열'하는 것이다.

꿈의 해석

한편 이렇게 나타난 현재몽을 통하여 거꾸로 잠재몽의 내용을 추적하는 것을 **꿈의 해석**이라고 하며, 그 과정은 **꿈의 작업**의 역방향으로 진행된다. 도식화하면 아래와 같다.

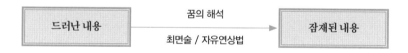

프로이트는 초창기에는 주로 최면술 등을 이용하여 잠재된 내용이 드러나게 하는 방법을 사용하였으나, 후에 가서는 생각나는 것을 자유롭게 말하게 함으로써 잠재된 내용을 드러나게 하는 '자유연상법'을 사용했다.

오이디푸스
콤플렉스

그런데 의식으로는 파악할 수 없다는 이 무의식은 어떻게 형성되는 것인가? 『지킬 박사와 하이드』처럼 화학약품을 먹으면 형성되는 것인가? 아니면 늑대인간처럼 보름달이 뜨면 생기는 것인가? 그도 아니면 헐크처럼 분노하면 드러나는 것인가?

프로이트는 선천적인 충동과 욕망 그리고 후천적으로 억압에 의하여 생긴 욕망이 인간의 무의식에 자리 잡고 있다고 보았다.

무의식의 핵(核)은 선천적인 성적 충동이다. 프로이트는 이러한 성적인 충동을 **리비도**(Libido)라는 용어로 설명했다. 사회적으로, 도덕적으로 용납될 수 없으며 성적 쾌락과 만족만을 추구하는 충동으로 어머니와 성교를 나누고 싶다든지, 아버지를 죽이고 싶다든지, 남의 부인을 겁탈하거나 살인하고 싶은 것 등이 그 예다. 프로이트는 그리스 신화에 나오는 오이디푸스란 인물을 이러한 충동의 대표적인 예로 삼았다. 신화 속에서 오이디푸스는 아버지를 살해하고 어머니를 아내로 맞이한다. 프로이트는 이러한 충동에 사로잡힌 사람이 나타내는 증세를 **오이디푸스 콤플렉스**(Oedipus Complex)라는 용어로 설명했다.

프로이트의 견해는 당시의 학계를 떠들썩하게 했다. 순진하고 무구한 것의 상징으로 여겨졌던 어린이에게서 근친상간이나 부모살해의 충동을 읽었기 때문이다. 오이디푸스 콤플렉스는 이제 흔히 알려진 개념이 되었지만 당시에는 가히 파격적이었다.

너무 재밌어서 잠 못 드는 철학 수업

프로이트는 자신의 이론을 계속해서 보완하고 확장하며 고도화시켜나갔는데, 그 획기적인 전환점을 이루는 작품이 바로 『자아와 원초아』(1923)이다. 여기서 프로이트는 초기의 의식/무의식을 개념을 변형해 **원초아**(id)/**자아**(ego)/**초자아**(super-ego)라는 개념을 도입한다.

원초아(id)는 앞에서 말한 선천적이고 본능적인 충동이나 욕망의 원동력으로써 오직 충동에 따르며 쾌락 원칙에 따른다.

한편 **초자아**(super-ego)는 말 그대로 자아를 뛰어넘어 사회적으로 형성된 것으로, 주로 교육을 통해서 내면화되는데 금기나 규율, 도덕이나 양심 등이 그것이다. 이 두 가지는 주로 무의식의 영역에 속한다.

자아(ego)는 주로 의식의 영역에 속하며 현실 원칙에 따라 행동한다. 즉 원초아의 충동이나 욕망을 조절하고 적절한 형태로 통제하면서 원초아와 초자아 사이의 대립이나 충돌을 적절히 중재하고 해소시킨다.

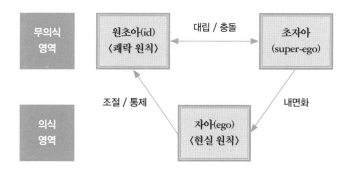

성난 말
다루기

프로이트가 파악한 마음의 구조가 안정되기 위해서는 항상 자아의 현실 원칙이 원초아의 쾌락 원칙을 잘 조절하고 통제할 수 있어야 하는데, 현실에서는 빈번히 이에 실패한다는 데 문제가 있다. 프로이트는 이에 대해 다음과 같이 말한다.

원초아와 자아의 관계는 말과 승마자의 관계와 비교될 수 있다. 말은 추진력 있는 에너지를 공급하는 반면, 승마자는 목적지를 결정하고 그 힘찬 동물의 운동을 유도하는 특권을 갖는다. 그러나 너무나 자주, 자아와 원초아 간에는 말을 이끌기보다는 말이 가기 원하는 길로 끌려가는, 승마자에게는 그다지 이상적이지 못한 상황이 발생한다.

고대부터 말과 승마자의 비유는 철학자들이 즐겨 쓰는 메뉴였다. 고대의 플라톤이나 근대의 데카르트도 이 비유를 사용했다. 하지만 그 둘은 프로이트와는 달리, 이성에 의한 지배를 옹호하기 위해서 그것을 이용했다. 프로이트에 와서 이 비유는 역전된다. 이제 인간은 자기의 마음을 의식에 따라 조절/통제할 수 있는 안정적인 존재가 아니라 오히려 조절과 통제에 늘 실패하는 불안정한 존재에 불과하다. 인간의 의식은 무의식에 비하면 빙산의 일각이기 때문이다.

신경질 내는
사회

프로이트는 시간이 지나며 점점 자신의 이론을 의학의 범위를 넘어 종교, 예술, 사회, 역사 일반에 적용시키려고 했다. 그에 따르면 종교는 집단 노이로제나 환상이 만들어낸 현상에 불과했으며, 예술 작품은 어떤 인식의 가치도 없고 다만 '충동의 억제' 내지 '충동의 승화'된 표현이라고 보았다. 프로이트는 성적 충동과 이의 승화를 예술뿐만 아니라 인간 행동 일반의 원동력이라 보았고 그에 따라 인간의 사회적 활동이나 정치적 활동까지 성적인 것으로 해석하려 했다. 프로이트가 『토템과 터부』에서 한 아래의 말은 프로이트의 관점을 단적으로 표현하고 있다.

결론적으로 말하고 싶은 것은 종교와 윤리, 사회와 예술의 출발점은 모두 오이디푸스 콤플렉스라는 점이다. 이는 정신분석에 의하여 증명된 사실, 즉 오이디푸스 콤플렉스가 모든 신경 질환의 본질이라는 점과도 완전히 일치한다.

충동은 억압되면 마치 눌려져 있었던 팽팽한 공처럼 어느 한곳으로 튀게 된다. 늘 튀는 곳으로 간다면 그것은 히스테리나 노이로제 같은 병적인 증세이지만, 어느 다른 한 방향으로 튄다면 그것이 곧 승화다. 그러니까 문화나 역사의 진보는 '충동을 단념'하고 '쾌락을 포기'하는 가운데, 이 원동력을 다른 목표를 추구하는 것으로 **전이**(transference) 또는 **승화**(sublimation)시킨 결과다.

무의식의
개척자

　　　　　　　　　　프로이트는 의사로 만족하지 않
았다. 그는 자신의 이론을 통하여 이성을 중심으로 세워진 근대의 인
간관을 붕괴시키고, 새로운 인간관을 세우려 했다. 마르크스가 『자본
론』을 쓴 후 "부르주아의 머리 위로 던져진 가장 무서운 폭탄"이라고
선언하였고, 니체가 자신을 칭하여 "나는 인간이 아니다. 나는 다이너
마이트다"라고 말했던 것처럼, 그 또한 자신의 이론이 전 세계로 흑사
병처럼 퍼져나가 인류의 정신을 감염시킬 것이라고 믿었다.

　프로이트의 이론이 당시 정신의학계에서 정설로 인정되었고 여전
히 많은 현대 철학자들에게 각광받으며 연구되는 이유는 그가 기존
의 이성 중심적인 인간에 대한 패러다임을 뒤집고 새로운 시각을 내
놓았기 때문이다. 그가 분석한 인간의 마음에서 의식은 부차적인 것
이며 모든 인간 행동의 깊은 근원에는 무의식이 있었다. 또한 무의식
의 표상화 작업으로서 꿈을 해석함으로써 의식이 만들어지는 과정
에 대한 다양한 해석의 방법을 제시했다. 수없이 많은 철학자들이 그
에게 영감을 받았다. 우리가 잘 알고 있는 『소유냐 존재냐』의 저자 에
리히 프롬, 프로이트의 용어를 그대로 책 제목으로 사용하여 『에로스
와 문명』이라는 책을 썼던 마르쿠제, 프로이트의 중층결정이란 용어

를 통하여 복잡한 사회를 해명하려 하였던 알튀세르, 그리고 인간의 무의식을 더 정교히 읽어내려고 했던 라캉에 이르기까지. 알튀세르는 이렇게 프로이트를 칭송했다.

코페르니쿠스 이후 우리는 지구가 우주의 중심이 아니라는 것을 안다. 마르크스 이후 우리는 인간 주체가 역사의 중심이 아니라는 것을 안다. 그리고 프로이트는 인간 주체에는 중심이 없다는 것을 밝혀 주었다.

후설
판단을 중지하라

정신, 아니 사실상
정신만이 본래적이며
독립적인 존재이다.
즉 그것은 자율적이다.

현상학의 창시자,
후설

　　　　　　　　　19세기를 마감하고 20세기를 예감하는 1900년은 철학계에서 기억할만한 사건들이 많이 벌어졌던 한해였다. 니체가 바로 이 해에 죽었으며, 프로이트는 『꿈의 해석』을 세상에 내놓았다. 또한 현상학의 창시자 후설이 자신의 사상적 맹아를 담은 『논리 탐구』를 출판한 해이기도 하다.

　　후설(Edmund Husserl)은 1859년 오스트리아와 헝가리의 접견지역인 모라비아의 프로츠니츠에서 유태인의 피를 받고 태어났다. 그의 부모는 유태인이었지만, 자식을 유태인의 전통에 머무르게 하지 않았다. 덕분에 그는 개신교로 개종할 수 있었다. 그는 다양한 학문 영역을 섭렵하였는데, 먼저 천문학과 수학을 공부하여 수학 박사 학위를 받았으며, 철학자 브렌타노를 만난 이후에는 나머지 생애를 철학에 바치기로 결심했다.

　　철학을 하면서도 그의 철학적 태도는 많이 바뀌었는데, 처음에는 우리가 너무도 당연하다고 생각하는 '수'조차도 심리적인 영향력 하에 있다고 보는 심리학의 관점을 유지했다. (그가 교수자격을 딸 때 쓴 논문이 『수의 개념에 관하여 — 심리학적 분석』이다.) 하지만 후설은 심리학의 주관주의, 상대주의에 회의를 느끼고 변하지 않는 본질의 영역으로 철학적 관심을 옮겼다. **현상학**이라는 철학의 탄생은 그래서 가능해졌다. 처음에는 순수 의식의 영역, 즉 선험적 자아의 영역을 탐구하다가 후기에 이르러 **생활세계**라는 개념을 도입함으로써 자신의 초기 입장을 일부 수정하고 상호주관성의 영역, 사회와 역사의 영역으로 나아간다.

그는 엄청난 양의 저술을 남겼고, 포탄이 쏟아지는 전쟁 중에도 학생들을 모아놓고 철학 강의를 할 정도로 정력적이었다. 유태인이라는 민족적 정체성 덕에 프로이트와 마찬가지로 그 역시 나치의 모진 탄압을 피하지 못했다. 1933년 그는 나치 정권에 의해 활동을 금지당했고, 5년 뒤인 1938년에 79세의 나이로 늑막염에 걸려 외로운 죽음을 맞이했다.

하지만 그의 철학은 결코 외롭지 않았다. 그가 창시한 현상학은 하이데거라는 거장으로 이어지며 철학계에 큰 물결을 일으켰고 사르트르로 대표되는 실존주의 철학에 영감의 원천이 되었다. 평생 학문의 길 외에는 아무런 관심이 없었던 외고집 철학자, 인간의 자리를 학문 속에서 찾으려 했던 순수주의자, 후설을 만나보자.

어린왕자
후설

생텍쥐페리의 소설 『어린 왕자』에서 주인공인 어린 왕자가 다음과 같이 말하는 대목이 있다.

내가 소혹성 B612호에 관해 이렇게 자세히 이야기하고 그 번호까지 일러주는 것은 어른들 때문이다. 어른들은 숫자를 좋아한다. 새로 사귄 친구 이야기를 할 때면 그들은 가장 긴요한 것은 물어본 적이 없다. 「그 애 목소리는 어떻지? 그 애가 좋아하는 놀이는 무엇이지? 나비는 수집하니?」라는 말을 그들은 절대 하지 않는다. 「나이는 몇이지? 형제는 몇이고? 체중은 얼마니? 아버지 수입은 얼마냐?」라고 그들은 묻는다. 그제서야 그 친구가 어떤 사람인지 알게 된 줄로 생각하게 되는 것이다.

만약에 어른들에게 「창턱에는 제라늄 화분이 있고 지붕에는 비둘기가 있는 분홍빛의 벽돌집을 보았어요」라고 말하면, 그들은 그 집이 어떤 집인지 상상하지 못한다. 그들에게는 「십만 프랑짜리 집을 보았어요」라고 말해야만 한다. 그러면 그들은 「아, 참 좋은 집이로구나!」하고 소리친다.

후설이 이 소설을 읽었는지 확인되지는 않지만, 만약에 읽어보았다면 "그래, 바로 이거야!"라고 소리쳤을 것이다. 후설이 살았던 시대 만연했던 현상이기 때문이다. 19세기 말 독일의 공업은 급속하게 성장했고 이에 따라 공업화에 도움이 되는 자연과학 연구 또한 활발했다. 자연과학과 공업이 만나자 모든 사물을 수량화, 계측화하는 경향을 낳았다. 자연과학은 철학에도 영향을 미쳐 형이상학이나 이성주의보다는 경험주의(실증주의), 과학주의가 득세했다. 철학마저도 과학의 영향력하에 놓이게 된 것이다.

철학의 변화는 인간에 대한 관념도 바꾸어놓았다. 인간 역시 자연과학의 한 대상이 되며, 인간의 행동이나 사고 또한 계측 가능하고 수량화시킬 수 있다는 생각이 만연했다. 과거의 인간이 신비한 이성의 능력을 가지고 있는 만물의 영장이었다면, 이 새로운 세계관에서는 인간은 여느 동식물과 다름없는 연구 대상이며 실험 대상에 불과했다.

인간이 자연을 정복하기 위하여 발전시켰던 자연과학이 인간마저도 하나의 연구 대상으로 만들어버리는 이 역설적인 사태에 직면하여 후설은 다시금 인간의 정신을 가장 기초에 세우려는 위대한 시도에 임했다. 자연과학이 정신과학(철학)을 지배하는 시대적 흐름을 뒤집고, 다시금 정신과학을 복원하고자 한 것이다.

자연과 정신을 같은 성질의 실재로 간주하는 세계에 대한 해석이 완전히 불합리하다는 것을 인정하지 않는 한 어떠한 진보도 있을 수 없다. (⋯) 정신, 아니 사실상 정신만이 본래적이며 독립적인 존재이다. 즉 그것은 자율적이다. (⋯) 따라서 참된 학적인 의미에서의 진정한 자연은 자연을 탐구하는 정신의 산물이라고 할 수 있다. 그러므로 자연과학은 정신과학을 전제한다.

모든 학문의 기초가 되는 정신과학(철학)의 주춧돌을 놓는 일, 그 철학의 바탕 위에서 혼동을 극복하고 질서를 회복시키려고 하는 일. 후설은 인간을 중심에 놓고 세상을 바라보는 관점을 세우고자 했다. 그런 의미에서 후설의 철학의 목표는 학문 이상이다. 그는 인간이 중심이 되는 조건과 방법을 탐구하여 그 위에 새로운 세계를 구축하려는 야심이 있었다.

견우와 직녀:
노에시스와 노에마

그러기 위해서 그는 근대 철학의 아버지 데카르트를 근저로 삼았다. 데카르트야말로 그보다 앞서 후설의 기획을 시도해보았던 위대한 철학자였기 때문이었다. 다만 데카르트가 대항한 것은 자연과학이 아니라 종교였다. 신 중심의 세계에서 인간을 중심에 세우는 세계를 구축하기 위하여 데카르트는 무엇을 하였던가.

데카르트는 1) 모든 것을 의심하는 방법론적인 회의를 거쳐 2) 추호도 의심할 수 없는 궁극적인 근원을 추적하여 철학을 절대적인 확실성 위에 세우려 했고 3) 그 결과 "나는 생각한다. 고로 존재한다"라는 자명한 진리에 도달했다.

이러한 데카르트의 정신은 후설에게도 나타난다. 후설은 1) 비판적이고 반성적인 성찰 없이 모든 것을 소박하게 인정하는 자연적 태도를 버리고, 즉 판단중지하고, 2) 아무런 전제도 없고 모든 학문의 전제가 되는 엄밀한 학문을 세우려 하였고, 3) 그 결과 모든 것의 궁극적인 기초인 선험적 자아를 발견하게 된다. 후설에게 선험적 자아란 판단의 대상이 되는 세계에 선행하는 의식인 동시에 그 세계를 구성하며 그 존재 근거이기도 하다.

하지만 후설에게는 데카르트와 결정적인 차이가 있었다. 그것은 정신과 물체의 관계인데, 데카르트에게 있어 정신과 물체는 절대적으로 분리된 실체였음에 반해, 후설은 이 둘의 관계를 밀접한 것으로 보았다. 비유로 들어 말하자면, 데카르트에게 정신과 물체가 '견원지간'(물심이원론)이라면 후설은 두 가지가 '견우와 직녀의 관계'에 있다고 보았다. 즉 데카르트의 정신이 물체와는 상관없는 자족적인 것이라면, 후설의 정신은 서로가 서로를 필요로 하면서 서로를 그리워하는 견우와 직녀의 관계처럼 물체에 의미를 부여하고 동시에 정신은 물체에 '대한(지향성을 가진)' 정신이었다.

이러한 지향성의 문제가 바로 데카르트와 후설의 큰 차이점이다. 따라서 데카르트의 철학이 '실체의 철학'이라면 후설의 철학은 '관계의 철학'이라고 말할 수 있을 것이다.

후설은 **노에시스**(noesis)와 **노에마**(noema)라는 개념으로 이를 설명하는데, **노에시스**란 대상에 대한 '의식작용'을 나타내며, **노에마**란 그러한 의식작용을 거쳐 '의식된 대상'을 의미하는 것이다. 그러니까, 후설에게 있어서, 노에시스 없는 노에마란 있을 수 없고, 노에마를 떠난 노에시스란 있을 수 없는 것이 된다.

견우와 직녀의 만남처럼 의식과 대상은 행복하게 만날 수 있을까? 이에 대한 대답은 천천히 하기로 하고, 우선 공포분위기를 조성해볼까. FADE-OUT. 으스스한 음향 Q!

달밤에 만난 귀신

달빛이 으스름하고 바람이 세차게 불고 있는 어느 날 저녁, 나와 후설은 산을 넘고 있었다. 그런데 갑자기 저 앞에서 하얀 물체가 나타났다. 나는 귀신을 본 것이 아닐까 하는 생각에 오금이 저려 한 발짝도 걷지 못하고 그 자리에 주저앉고 말았다.

후설 아니 무슨 일인가?

나 (와들와들 떨며) 선생님, 저 앞에 하얗게 빛나고 있는 것이 귀신이 아닌가요?

후설 아니 젊은 사람이 겁은 많아 가지고… 어디 보세.

나 (앞으로 나가는 후설을 보며) 선생님, 조심하십시오.

후설 (하얀 물체 앞에서) 하하하. 자네 생각보다 겁이 많군. 이게 어디 귀신인가? 비석이지. 이리 와 보게.

나 (불안한 듯 다가가서) 정말 비석이군요. 그런데 왜 내 눈에는 귀신으로 보였죠?

후설　자네가 심약한 탓도 있지만, 철학적으로 철저하지 않았기 때문이지.

나　(창피해하며) 심약하다는 것은 인정할 수 있지만, 철학적으로 철저하지 않다는 것은 무슨 말씀이신지?

후설　자네는 사물을 심리에 의거해서 보고 있다는 말일세. 사물의 본질을 파악하기 위해서는 현상학적으로 보아야지.

나　더 어려운 말씀을 하시는 것 같은데요. 저의 무식함을 이해하시고 좀 더 쉽게 설명해주실래요?

후설　설명하자면 좀 긴데. 잠깐 앉아서 쉬면서 이야기할까?

판단을
중지하라

후설과 나는 산 속에 앉아 이야기를 나누었다.

후설　세상을 보는 방법은 여러 가지일세. 나는 젊었을 때 수학처럼 분명하고 의심할 여지없는 철학을 꿈꾸었지. 그러다가 브렌타노라는 선생님을 만나게 되었네. 그분은 경험주의와 심리주의를 신봉하고 계셨는데, 처음에는 그분의 철학에 매료되었지. 그분은 인간의 논리나 수학마저도 인간의 심리에 기반하고 있다고 보셨네. 얼마나 놀라운 일인가? 인간의 심리를 중심으로 세상을 바라본다는 것은!

나 무엇이 놀랍다는 말씀이십니까?

후설 놀랍지 않고. 우리는 수학이나 논리학을 말할 때, 가장 순수한 학문이라고 보지 않았나. 그런데 그 순수한 학문조차도 인간의 심리에 기초해서 만들어진 것이라니. 예를 들어 수학에서 '1'이라는 개념을 '2'라고 말하지 않는 것이, '2'라고 말할 때 생기는 심리적인 압박감 때문이라고 생각해보게. 그러니까 우리는 심리적으로 '1'을 '1'이라고 말할 수밖에 없는 것이지.

나 그렇게 생각하니 놀랍긴 놀랍군요.

후설 그렇지만 나는 곧 심리주의를 버리게 되었지. 덕분에 브렌타노 선생님과도 사이가 소원해졌지만 말이야.

나 그건 왜죠?

후설 모든 것을 심리주의에 근거해서 설명할 경우, 그 구체성 때문에 형이상학에 빠지지는 않겠지만 주관주의, 상대주의에 빠지게 되네. 막말로 세상을 내 맘대로 보게 되는 것이지. 내가 추구하려는 지식은 심리에 의해서 좌우되는 것이 아니라 보다 확고부동한 것이었거든.

나 그래서요?

후설 그래서? 그래서 일단 모든 것을 판단중지하기로 하였지. 자네가 귀신을 보았다고 말했을 때에도 나는 일단 그 말에 대하여 '판단중지'하고 그 물체에 다가간 것처럼 말이야.

나 아, 그래서 별로 무서워하지 않으셨군요.

후설　아니. 무섭기야 무서웠지. 판단중지했다는 말이 부정한다는 말은 아니니까. 일단 판단만 중지한 것이라네.

나　판단중지가 '부정'은 아니라는 말씀은?

후설　자네 춥지 않은가? 이야기는 나중에 하기로 하고 우선 이 산을 넘으세. 자, 어서.

나　(앞서가는 후설을 따르며) 선생님, 같이 가요.

귀신
쫓는 법

　　　　　　　　　산을 다 넘고 민가에 들어가 숙박하면서 들은 후설의 이야기를 대충 요약하면 다음과 같다.

1단계: 판단중지 혹은 괄호 치기(에포케, epoche)

1단계에서 할 일은 우선 판단을 중지하는 것이다. 우리의 외부에 있다고 생각하는 물질적, 혹은 비물질적 대상이 있다고 생각하는 것을 배제(괄호 치기)하는 것이다. 이러한 태도는 우리가 확실한 근거도 없이 소박하게 인정한 모든 명제, 이론(예를 들어 신의 존재라든지, 관념론이라든지, 유물론이라든지) 등을 우선 긍정도 부정도 하지 않는 것을 말한다. 후설의 말로 풀자면 '자연적 태도'에 의한 판단을 중지하고 **현상학적 환원**(phenomenological reduction)을 수행하는 것이다.

왜 판단을 중지하는가? 그래야만 의식은 보다 자유로운 상태에서 아무런 전제도 속박도 없이 작용할 수 있기 때문이다.

2단계: 본질직관 또는 자유변경

1단계의 **판단중지**를 통하여 자연적 태도로부터 자유로워지고 순수해진 우리의 의식은 주어진 대상에 대하여 의식 속에서 경험에만 국한되지 않는 **자유로운 변경**(free variation)을 통하여 **본질**(eidos)에 이르게 된다. 즉 경험적이고 구체적인 사실로부터 관념적이고 보편적인 본질을 추상하는 단계가 바로 2단계이다.

예를 들어 경험적으로 파악한 배구공, 탁구공, 농구공에서 '둥글다'이라는 본질을 파악한다든지, 개별적인 모양의 비석을 통하여 비석의 보편적 본질을 파악한다든지 하는 것이다. 이렇게 본질을 파악하기 위해서는 경험적이고 지각적인 방법론이 아닌 상상적인 방법론이 필요한데, 후설은 대상을 지향하는 의식의 작용(지향성)으로 **지각**(perception), **상상**(imagination), **의미화**(signification) 등의 세 양식을 들었다.

후설과 내가 경험한 비석 역시 보는 각도에 따라서는 다르지만, 그것의 자유로운 변경을 통하여, 지각과 상상과 의미화를 통하여, 비석의 본질에 이를 수 있는 것이다. 이러한 본질을 파악하고 난 이후에는 장소와 때, 개별적인 모양의 다름에 구애받지 않고 비석임을 알게 된다. 후설은 이렇게 수동적으로 주어진 것들을 능동적으로 자기화하는 과정을 **형상적 환원**(eidotic reduction)이라고 했다.

3단계: 선험적 환원

위의 현상학적 환원과 형상적 환원 등의 2단계를 거쳐서 우리가 궁극적으로 도달하는 것은 절대적이고 보편적인 **선험적 자아**다. 이 선험적 자아의 순수 의식을 통하여 대상은 새롭게 의미를 부여받고 구성된다. 이렇게 구성된 대상을 후설은 노에마라고 말했으며, 선험적 자아의 순수 의식이 대상을 지향하는 구성 작업을 노에시스라고 칭한 것이다.

이러한 과정에 따른다면, 우리는 정신과학이 왜 자연과학의 전제가 되는지 상상할 수 있다. 인간은 단순히 '주어진(given)' 대상을 받아들이는 수동적인 존재라기보다는 대상을 보다 적극적으로 지향하고 '의미 부여하는(giving)' 존재가 된다. 마치 김춘수의 시 〈꽃〉의 표현처럼, "내가 그의 이름을 불러주기 전에는 / 그는 다만 / 하나의 몸짓(경험대상, given)에 지나지 않았다. // 내가 그의 이름을 불러주었을 때(의식작용, 노에시스, 지향성) / 그는 나에게로 와서 / 꽃(구성대상, 노에마, giving)이 되었다." 따라서 현상학은 자연적인 태도를 괄호치고 자유로운 변경을 통하여 대상을 지향하는 가운데 의미의 근원을 물음으로써 인간 주체를 세우려는 학문임을 알 수 있다.

이상의 과정을 도표화하면 오른쪽과 같다.

자, 그러면 소제목의 취지에 맞춰 현상학적으로 귀신을 쫓아보자. 하나, 귀신같아 보이는 물체에 대하여 일체의 판단을 중지한다(이때까

　　　　　　　　　　너무 재밌어서 잠 못 드는 철학 수업

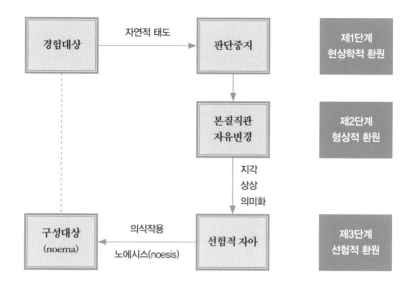

지는 귀신인지 아닌지 모른다). 둘, 머릿속에 지각되어 있는 대상에 대하여 자유롭게 상상하고, 변경해보자. 그리고 비교해보자. (이제 귀신이 아님이 확실해진다. 비석이다!) 셋, 이제 우리는 비석의 본질을 깨달았기 때문에, 그 비석이 없어도, 다른 비석을 보아도, 다른 시간에 보아도, 비석을 확실히 알 수 있다. 귀신은 물러가고, 명쾌한 의식이 남는다. 끝.

생활세계

앞서 살펴본 것처럼 후설은 과학주의가 만연한 세계, 인간 자체가 수량화되고 대상화된 세계에 반대했다. 그가 생각하는 세계는 인간과 세상이 분리되지 않는 세계, 인간의 선험적 의식을 통하여 새롭게 파악한 세상이었다. 이러저러한 이론적 잣대에 의하여 인위적으로 갈가리 찢겨나간 세계가 아니라 '사실 그 자체로(zu den Sachen selbst)' 파악되는 세계였다.

이러한 생각은 후기에 그가 쓴 『유럽 학문의 위기와 선험적 현상학』(1936)을 통하여 더욱 구체화된다. 그는 이 저술에서 학문의 위기와 인간성의 위기를 진단하고, 자신의 선험적 현상학을 통하여 이를 극복하려고 한다. 여기서 나오는 개념이 **생활세계**이다.

후설의 '생활세계'는 직접적인 체험의 세계이며, 이론화되기 이전의 세계이고, 다양한 개인들이 상호 교섭하는 삶의 세계이다. 그런데 후설은 이 생활세계가 자연과학(당시의 실증주의)에 의하여 왜곡되고 경멸되고 있다고 보았다. 그러면 어찌할 것인가? 후설은 자연과학적 사유방식으로 생활세계를 바라보는 것을 판단중지하고 생활세계적 환원을 해야 한다고 주장한다. 어떻게? 후설은 생활세계와 관련을 맺고 있는 선험적인 주체들이 서로 지향할 때 의미의 지평을 형성하고 공감대를 이루어 생활세계로 환원될 수 있다고 보았다.

실존주의 철학의
선구자

여기서 우리는 전기와 후기의 후설의 입장이 바뀌고 있음을 간파해야 한다. 전기의 후설에 있어 세계는 일단은 판단중지되어야 하는 대상이었다면, 후기에 와서는 '판단의 근거'가 되는, 선험적 주체들이 의미 지평을 형성하고 공감대를 이루는 장이 되는 것이다. 전기 후설의 자아는 자율적인 주체였던 반면, 후기 후설의 자아는 역사적이고 사회적이면서 상호교섭하는 자아다.

이러한 후설의 태도 변화는 그의 철학적 여정을 보면 놀랄만한 일이 아니다. 후설은 처음에 심리주의에서 출발하였으나 이내 그것을 부정하였고, 다음으로는 초역사적이고 초사회적인 선험적 자아의 세계에 머물다가, 종래에는 선험적 주체들의 상호소통을 요구하는 생활세계로 나아갔기 때문이다. 그런 까닭에 후설에 대해서는 의견이 분분하고, 해석의 여지가 너무도 많다.

하지만 이렇게 해석의 여지가 많은 것이 바로 그의 위대한 점일 수도 있다. 해석의 여지가 많다는 것은 그가 하나의 입장을 고수하는 데 머무르는 것이 아니라 끊임없이 고민하고 연구하면서 학문을 진척시켰다는 뜻을 갖기도 하니까. 덕분에 우리는 모두 그로부터 뻗어 나왔지만 각기 독보적인 견해를 내세우는 무수한 현대 철학자들을 접하게 되었다. 그의 현상학적 방법론은 훗날 실존주의 철학에 많은 빛을 던져주었다. 하이데거와 사르트르라는 거장은 후설이 아니었다면 등장하기 힘들었을 것이다. 훗날 사르트르는 다음과 같이 현상학을 회고했다.

나는 인간이 만물의 척도이기를 바랐다. (…) 현상학은 우리에게 모든 것을 가져다주었다.

하이데거
추락하는 것에 날개는 있는가

생의 근본적 기분은
불안이다.

'인간은 이성적인 존재이다'라는 말은 누구나 들어 알고 있다. 하지만 우리가 일상생활에서 늘 이성적인가? 오히려 바쁜 일상에 쫓겨 하루하루를 그냥 정신없이 살아가고 있는 것은 아닌가? 아침이 되면 출근시간에 쫓겨 시계처럼 일어나 만원버스를 타고, 회사나 학교로 가서 정신없이 일과를 보내다가, 저녁이 되면 지치고 늘어진 몸을 이끌고 집으로 가서 밀린 집안일에 애써 눈감고 기껏해야 스마트폰을 만지작거리며 헛헛함을 달래는 것이 직장인의 일상이다.

그렇다면 우리는 인간에 대하여 다르게 이해해야 되는 것은 아닐까? 우리네 일상사에 견주어볼 때 이성적 인간이나 뭐니 하는 것은 지나치게 동떨어져 있는 것은 아닌가? 철학이 인간의 본질에 대한 이해를 자신의 사명으로 삼고 있다면, 이러한 일상적인 인간의 삶부터 해명해야 하지 않을까?

엇갈린 명성의
철학자

하이데거(Martin Heidegger)는 1889년
독일 남부 바덴 주의 메스키르히에서 성당 종치기의 자식으로 태어
났다. 처음에는 프라이부르크 대학에서 신학을 공부하였지만 이내 철
학으로 관심을 돌린다. 그가 대학에 다닐 당시 교수로 재직 중이던 후
설과 친분을 맺고 조교로 봉사하다가 후설이 그만두자 그의 후계자
로 철학 교수가 된다. 그는 1933년에 프라이부르크 대학에 총장으로
취임하였으니, 한 학교에서 학생, 조교, 교수, 총장을 한 셈이다.

그의 주저 『존재와 시간(Sein und Zeit)』(1927)의 제목에서 짐작할 수
있듯이 그는 **인간 존재**의 문제를 탐구하였고, **시간성** 안에 있는 인간
에 대하여 파고들었다. 스승 후설은 주로 인식론의 문제를 연구했지
만, 하이데거는 존재론의 문제로 관심 영역을 확장했다.

한편 하이데거는 늘 논란의 대상이다. 히틀러와 파시스트를 옹호
했기 때문이다. 그의 대학총장 취임 연설 「독일 대학의 자기 주장」에
는 나치에 대한 옹호와 선동이 포함되어 있었다. 이러한 정치적 행
보 때문에 그는 2차 대전이 끝난 후 강단에서 추방당한다. 그의 제자
이자 연인이었던 한나 아렌트는 유태인이었기에 스승과는 다른 길을
걸을 수밖에 없었다. 그녀는 나치의 잔혹상을 고발하고 분석하여 그
녀만의 철학을 정립한다. 비록 하이데거와 엇갈린 운명이었지만 전후
하이데거의 정치적 과오 때문에 그의 철학적 성과를 무시해서는 안
된다고 주장하기도 했다. 그러나 그런 노력으로도 하이데거를 다시

너무 재밌어서 잠 못 드는 철학 수업

학문의 광장으로 불러들이지는 못했다. 만년에 하이데거는 가까운 친구들과만 교제하며 은둔생활을 하다가 1976년 87세의 나이로 사망했다.

그의 철학은 후기로 갈수록 신비주의적인 색채를 띠었으며, 역사 이래의 모든 존재론과 이를 표현한 철학적 언어에 회의를 품고 시의 세계, 시의 언어를 통하여 새로운 존재론을 세우려 했다. 그를 만나보자.

역사
앞에서

하이데거를 만나기에 앞서 한국의 사학자 한 명을 만나는 것도 그리 나쁘지는 않을 것이다. 그 이유는 뒤에서 설명하기로 하고 먼저 김성칠이라는 한국의 사학자가 한국전쟁을 겪으면서 썼던 일기 『역사 앞에서』의 한 대목을 감상해보자. 날짜는 전쟁이 터지고 4일 후인 6월 28일이다.

밤새 비는 끊이었다 이었다 하였으나 대포 소리는 한시도 멈추지 아니했다. 연기를 내는 것이 어떨까 하는 걱정도 있었으나 워낙 배가 고팠으므로 밥도 지어 먹고 또 차츰 신경이 무디어져서 밤중 지나선 자다 말다 눈을 붙이기도 했다. 처음엔 일부러 여기 와서 죽으면 억울한 일이라고 생각되기도 하고 아이들이나 탈이 없었으면, 그러나 고아가 되기보다는 차라리 죽는 것이 낫지 않을까, 아내라도 살아남으면 그럭저럭 건사할 터이지, 고향의 늙으신 아버지가 얼마나 걱정하실까 따위의 여러 가지 상념(想念)이 머리를 어지럽게 하였으나 나중엔 이 도저도 없고 될 대로 되어지이다 하고 모든 것을 운명(運命)에 내어맡기는 심경으로 변했다.

운명! 운명이란 걸 나는 평소에 그리 대수롭지 않게 여기었고, 운명이란 것도 어느만큼은 인간의 노력으로 좌우되는 것이 아닐까 하고 생각하였었으나 이제 내 힘으로 어이할 길 없는 크나큰 동란에 부딪쳐서 삶과 죽음이 하치않은 우연(偶然)에 달리었고 그나마 경각(頃刻)으로 끝이 날 것만 같이 생각되매 운명이란 역시 만만치 않은 존재로 내 눈에 비치었다. 이럴 때 하나님의 존재를 믿고 그에게 귀의(歸依)할 수 있는 사람이라면 좀 더 빨리 마음의 안정을 얻을 수 있지 않았을까 생각되었다.

가장 냉철하고 이성적이며 유물론적인 사학자라도 일기에 은밀히 이러한 글을 쓴 것을 충분히 이해할만하다. 전쟁 아닌가. 일상에서라도 존재의 하릴없음에 대한 이런 고민은 누구나 한번쯤은 떠올려 보았음직한 생각이다. 하이데거의 철학은 이러한 지점에서 출발한다.

나는 누구인가

나는 누구인가? 아니 좀 더 포괄적

너무 재밌어서 잠 못 드는 철학 수업

으로 인간이란 무엇인가? 더 나아가 하이데거 식으로 표현하면 '존재란 무엇인가?' 이를 알기 위해서는 어디에서부터 출발해야 되는가? 하이데거는 존재 일반을 이해하기 위해서는 인간 존재로부터 출발해야 한다고 말한다. 왜냐하면 존재를 '이해'하기 위해서는 이해의 능력을 가진 인간 존재에서부터 출발하는 것이 당연하기 때문이다. 인간은 바위나 나무와 같은 사물과는 달리 존재의 의미를 물을 수 있는 유일한 존재이다. 그렇다면 **인간 존재**란 무엇인가?

하이데거는 인간 존재를 해명하면서 **현존재**(Dasein)이라는 용어를 새로 만들었다. 쉽게 풀면 '지금 여기(Da)에 있는 존재(sein)'라는 말이다. 즉 인간은 자신이 처해 있는 상황에서 결코 분리하여 사고할 수 없는 존재라는 것이다. 하이데거의 인간에 대한 이해는 신이나 이성 등과 같이 추상적이고 형이상학적인 출발점에서 인간을 이해하고자 했던 과거의 철학적 접근과는 다른 출발점을 가지고 있었다. 그는 일상적이고 일회적이며 구체적이고 경험적인 인간으로부터 출발한다.

하이데거는 인간 존재를 **세계 내 존재**(Being-in-the-world)라는 말로도 표현한다. 이는 현상학의 특징인 주체(인간)와 객체(세계)의 불가분의 관계, 즉 지향성이 하이데거의 철학에서도 등장하고 있음을 알 수 있다. 인간은 '세계'와 동떨어져 있는 것이 아니라 세계에 영향을 미치고 또한 받고 있는 존재이다.

이 같은 하이데거의 인간 이해에 따르면 우리는 공간, 시간적으로 제약을 받는 존재임과 아울러 세계와 밀접한 관련을 맺고 있는 존재임을 알 수 있다. 그렇다면 인간은 한낱 조건의 산물인가?

던져짐과
던짐

하이데거의 의하면 반은 맞고 반은 틀리다. 하이데거는 현존재의 특성을 **사실성**(facticity), **전락성**(fallenness), **실존성**(existentiality) 등의 세 가지 실존 범주를 통하여 설명하고 있다. 하나하나 살펴보자.

사실성: 우리는 선택해서 태어나자 않는다. 우리는 우리의 부모를 마음대로 선택할 수 없고, 태어난 나라를 마음대로 선택할 수 없으며, 성별 또한 마음대로 선택할 수 없다. 그것은 이미 우리에게 주어진 것이다. 하이데거는 현존재의 이러한 사실성을 피투성(被投性)이라는 표현을 써서 사용하기도 했다. 우리는 마치 우리의 선택과 무관하게 이 세상에 '던져진 존재'와 같다는 말이다.

전락성: 때문에 우리는 쉽게 자포자기하고 세상을 막연히 살게 되며, 주변 인물들의 하잘것없는 이야기에나 관심을 기울이며 그럭저럭 살아간다. 이러한 우리의 일상사는 우리를 세상 사람(das Man)과 구분되지 않는 익명의 사람으로 '전락'시킨다. 나는 있지만 있는 것이 아니다. 하지만 여기서 끝날 것인가?

실존성: 하지만 인간은 자신의 자유를 구속하고 제약하는 사실성으로부터 새로운 가능성을 발견할 수 있다. 인간 존재는 스스로를 벗어날 수 있다. 실존(existence)이라는 말 속에는 이미 '벗어난다(ex: out)'는 뜻이 포함되어 있다. 그런 의미에서 실존성은 '탈존성(脫存性)'이다. 오직 인간만이 자신을 성찰할 수 있고, 자신의 미래를 자유롭게 선

너무 재밌어서 잠 못 드는 철학 수업

택하고 그 선택한 것에 대한 책임을 질 수 있는 존재이다. 자신의 실존성을 깨닫게 될 때 인간은 전락하지 않고, 고정되거나 닫혀 있는 존재가 되지 않는다. 인간은 미래를 향해 열려 있고, 미래를 설계하고, 그 미래를 향해 자신의 존재를 과감하게 던질 수 있는 존재가 된다. 하이데거는 현존재의 이러한 실존성을 자신을 앞으로(pro) 던진다(ject)는 뜻에서 **기투성**(project, 企投性)이라 표현하기도 했다.

그러므로 이제 인간은 자기가 선택할 수 없었던 과거의 사실들에 비관하면서 현재에 전락할 것인가 아니면 새로운 가능성을 가지고 있는 미래를 향해 용감하게 결단하고 책임질 것인가 하는 기로에 놓이게 된다. 물론 하이데거는 인류에게 후자를 택하라고 말한다.

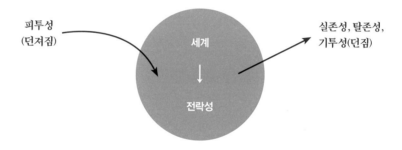

불안과 공포의 차이

그렇다면 이런 질문을 던질 수 있다. 인간은 어떻게 전락하지 않고 실존성을 선택할 수 있는가? 무엇을 계기로? 여기서 하이데거는 '불안'이나 '심려'와 같은 정서적 용어를 실존철학적 용어로 등장시킨다.

우선 불안과 공포의 차이를 생각해보자. 하이데거는 불안과 공포의 차이를 대상의 유무로 구별했다. 쉽게 말해 공포는 뚜렷한 대상이 있지만, 불안은 특정 대상을 가지고 있지 않다는 것이다. 우리는 "왠지 모르게 불안하다"라는 말을 자주 쓴다. 이런 말버릇이 불안과 공포를 극명하게 구분 짓는다. 무(無)에의 불안! 또는 모든 것에 대한 불안. 어쩌면 삶 전체에 대한, 세상 전체에 대한 불안.

이러한 불안을 통하여 우리는 죽음 이전에 죽음을 미리 경험하게 되고, 인간이 죽음을 향한 존재임을 깨닫는다. 그때에야 비로소 우리는 유한한 우리의 삶에 대한 새로운 깨달음으로 용감하게 자신의 존재에 대한 '선구적 결의'와 '기투'를 하게 되는 것이다.

하이데거의 실존철학은 이처럼 정서적인 범주로부터 돌파구를 찾는다는 점에서 다른 철학적 조류와 크게 차별화된다. 하이데거의 철학이 보편적이고 추상적인 인간을 탐구하는 철학적 조류들과는 달리 인간의 일상생활에 보다 깊이 천착하고 있기 때문 아닐까. 뒤에서도 살펴보겠지만 실존철학은 불안, 공포, 결단, 책임, 일상성 등의 철학과는 무관해 보이는 용어들을 과감하게 철학 용어로 쓴다.

흥망성쇠

하이데거의 철학은 1차 대전이 끝나고 그 절정기를 맞는다. 그의 주저 『존재와 시간(Sein und Zeit)』이

너무 재밌어서 잠 못 드는 철학 수업

1927년에 발간된 것을 상기해보자. 1차 대전이 끝난 후 전쟁의 상흔 속에서 살아가는 지성인들에게 하이데거의 철학이 얼마나 매력적이었을지 상상하기란 그리 어려운 일이 아니다. 때문에 1차 대전 후 하이데거의 실존주의 철학은 급속도로 전파되었으며 그것은 마치 구원의 메시지와 같았다. 죽음에 앞서 죽음의 결단을 하라, 자신을 용감하게 내어 던져라, 그리고 그것에 대하여 책임을 져라, 비속한 세인이 되지 말고 자신의 본래성을 찾아라, 미래는 여러분에게 열려 있다. 하나하나가 모두 힘 있고 주옥 같은 삶의 지침으로 다가갔을 것이다.

아이러니하게도 하이데거는 1차 대전이 끝난 후 독일에 나치가 등장하자 나치 당원이 됨으로써 자신의 철학을 실현하려 했다. 마치 헤겔이 프로이센 왕국을 철학의 완성으로 보았듯이. 하지만 나치 정부는 실존주의 철학의 실현과는 거리가 멀었다. 2차 대전이 끝난 후, 하이데거의 실험은 실패로 판명되었고 패망한 독일에서 그는 교수직까지 박탈당했다. 말년의 그는 신비주의적 경향이 점점 두드러진다.

존재의
계시

하이데거는 **존재자**(Seiende)와 **존재**(Sein)를 구별한다. 사물과 같이 단순한 실체적인 존재를 **존재자**라고 한다면 자기의식이 있는 존재를 **존재**라 한다. 그는 후기에 이러한 구분을 더욱 극명하게 대립시킨다.

그에 의하면 인류는 존재자와 존재의 존재론적 차이를 망각함으로써 심각한 위기에 빠지게 된다. 과학과 기술이 발전하고 경제적인 이익을 추구할수록 인간은 존재자(사물)를 생산하고 소비하는 데 미혹된다. 인간은 존재자의 개별적 영역에 관해서는 점점 더 많은 것을 알게 되었으나 더욱더 존재를 망각하게 된다. 그에 따라 인간 자체도 하나의 사물적인 존재, 도구적인 존재로 전락하게 된다.

하지만 존재의 진리는 이러한 과학과 기술에 의해서는 파악되지 않는다. 존재의 진리는 인간의 합리적 지식에 의하여 탐구될 수 있는 영역이 아니다. 존재의 진리는 마치 장막 속에 가려진 신과 같이 스스로 드러내기도 하고 은폐하기도 한다. 인간이 할 일은 이 존재의 계시를 조용히 기다리는 것이다. 때문에 하이데거는 인간 존재를 존재의 '파수꾼'이자 '목자'라고 칭했다.

후기에 와서 하이데거의 철학은 초기의 주관적인 존재 철학에서 신비적인 존재 철학으로 바뀐다. 초기의 현존재는 실존적인 결단을 통하여 능동적으로 자신을 미래를 향하여 던지는 능동적인 존재이다. 그렇지만 후기로 와서 현존재는 단지 초인간적 존재의 계시를 기다리는 수동적인 존재로 전락한다. 뿐만 아니라 하이데거는 기존의 철학적 언어로는 존재에 대하여 파악할 수 없다고 보고, 존재를 계시하는 적합한 언어로 시어(詩語)를 탐구한다. (후기에 하이데거는 횔덜린이나 릴케 등 독일 시인들의 작품에 심취했다.)

하이데거는 초기의 능동성을 버리고 점점 수동적으로 변했다. 정치적으로 나치를 택한 것만큼이나 철학적으로도 후퇴한 것이다. 인간 존재에 대하여 더욱 진전된 탐구를 하는 대신 신비로운 존재를 모색했다. 합리적인 언어를 버리고 비개념적인 시어의 세계로 빠져들고 말았다. 한때 날카로운 지성으로 철학적 탐구의 첨단을 벼렸던 하이데거가 유사종교의 세계로 귀의하는 퇴행은 우리를 슬프게 한다. 그가 후기에 찾으려 했던 존재의 진리는 과연 무엇이었을까? 그것은 과연 전쟁으로 피폐해진 인류에게 새로운 구원의 메시지가 되었을까? 현실에 대한 전망을 제시하지 않고 회피하는 신비주의로 경도된 것은 아니었을까?

아쉽지만 이러한 질문들을 던지면서 하이데거를 마치자. 그렇다고 실존주의 철학이 모두 하이데거와 같은 결론에 이르렀다고 성급하게 판단하면 안 된다. 우리는 곧 같은 실존주의 철학의 대표자이지만 하이데거와는 전혀 다른 길을 걸었던 사르트르를 만날 것이다. 마지막으로 마치 하이데거의 철학을 시적 언어로 압축해놓은 것만 같은 노래 하나를 소개하면서 마칠까 한다. 곡목은 우리도 잘 알고 있는 사이먼과 가펑클의 『침묵의 소리(The Sound of Silence)』이다.

안녕, 어둠이여, 나의 오랜 친구여.
그대와 이야기하려 내가 다시 왔네.

한 환상이 조용히 기어 나와
내가 자고 있는 사이 씨앗들을 남겨놓고 간 때문일세.
내 머리 속에 심어진 그 환상이 아직도 남아 있기 때문일세.
침묵의 소리 속에서 말이야.

불안한 꿈들을 나는 꾸었네.
꿈속에서 나는 홀로 걸었지,
가로등의 후광이 비치는 좁다란 자갈길 아래를,
날씨가 춥고 습해서 옷깃을 세우고 말일세.
나의 눈은 밤을 찢는 듯한 네온불의 섬광으로 찌르듯 아팠네.
그리고 발가벗겨진 밤 사이로 나는 수만의 사람을 보았지.
(어쩌면 더 많이 보았을지도 모르네.)
사람들은 그저 주절거릴 뿐 대화를 나누지 않았네.
사람들은 그저 스쳐 들을 뿐 귀담아 경청하지 않았네.
사람들은 결코 함께 나눌 노래를 만들지 않았네.
하여 아무도 침묵의 소리를 감히 방해하지 못하였네.

나는 말했지.
"바보들! 당신들은 침묵이 암처럼 자란다는 사실을 몰라.
내가 가르쳐주지. 나의 이야기를 들어봐.
당신들에게 내미는 나의 손을 잡아봐."
하지만 나의 이야기는 조용히 떨어지는 빗방울처럼

너무 재밌어서 잠 못 드는 철학 수업

떨어져 침묵의 벽 속을 울릴 뿐이었네.

사람들은 그들이 만든 네온사인의 신에게 엎드려 기도를 하더군.
그러자 네온사인의 신이 경고의 계시를 터뜨리더군.
전광판에 문자를 새기는 것처럼 말일세.
계시는 다음과 같은 것이었네.
"예언자의 예언은 지하철 벽과 싸구려 아파트 홀에 새겨져 있나니."
그리고 거기 속삭이는 침묵의 소리가 있었네.

악의 평범한 얼굴을 드러내다

한나 아렌트(Hannah Arendt)

 한나 아렌트는 1906년 독일의 린덴에서 유태인 집안에서 태어나 칸트의 고향인 쾨니히스베르크와 베를린에서 성장했다. 마르크부르크 대학에서 하이데거의 제자로 철학을 공부했으며, 사제지간은 연인 관계로까지 발전했다. 그러나 아렌트는 나치에 협력적인 하이데거에게 실망하여 하이델베르크로 이주한다. 이후 실존주의 철학자인 카를 야스퍼스의 지도를 받아 아우구스티누스를 주제로 논문을 썼다. 하지만 유태인이라는 이유로 교수 자격 취득을 금지당했다.

독일에서 교수가 될 수 없다는 것을 알게 된 그녀는 프랑스 파리로 이주했다. 그

곳에서 그녀는 발터 벤야민을 만나 교류했으며, 유태인들의 미국 망명을 주선하는데 전력을 다했다. 2차 대전이 발발하고 프랑스와 독일의 전면전이 시작되자 남편인 하인리히 블뤼허와 함께 미국으로 망명했다. 1950년 미국 귀화 시민이 되었으며 1959년에는 여성 최초로 프린스턴 대학에 전임 교수로 임용되었다.

유태인 출신이었던 그녀는 나치의 광기를 추적하면서 전체주의, 권력의 속성, 권위 등과 같은 주제로 연구를 했다. 『전체주의의 기원』(1951)에서 아렌트는 소련의 공산주의와 독일의 나치주의의 뿌리를 반유대주의와 관련하여 고찰하였으며, 이 책의 출간과 동시에 뜨거운 논쟁을 불러일으켰다. 아렌트는 남을 지배하는 수단인 폭력과 의사소통적 합의를 통해 나오는 권력을 구분했으며 참다운 권력 형성을 위한 조건을 탐색했다.

그녀는 전쟁 후 전범으로 잡힌 나치의 아이히만에 대한 재판 과정을 살피고 그에 대한 보고서를 『뉴요커』지에 싣게 되는데, 이 글은 나중에 『예루살렘의 아이히만』(1963)이라는 책으로 발간되었다. 책에서 소개된 '악의 평범성'이라는 개념은 여태까지 많은 식자들에게 회자된다. 아렌트는 인간의 '생각 없음'이 악을 낳는다고 진단하면서 파편화되고 소외된 개인들과 수동적인 삶을 고발했다. 그녀는 1975년 사망하여 뉴욕 허드슨 강 유역 바드 대학에 안치되었다.

한나 아렌트의 가장 잘 알려진 책으로는 『인간의 조건』(1958), 『과거와 미래 사이』(1961), 『혁명에 관하여』(1963), 『시민의 불복종』(1969), 『폭력의 세기』(1969), 『정신의 삶』(1978) 등이 있다.

너무 재밌어서 잠 못 드는 철학 수업

사르트르
본질이란 없다, 자유가 있을 뿐

사람은 이 세상에 아무렇게나
내던져진 존재이다. 그가
어느 길을 가거나 자유이다.
그러나 그 선택에 책임을
져야 한다.

현상학의 영향을 받았으면서도 실존주의 철학을 개척한 두 명의 철학자를 들라고 하면 보통 하이데거와 사르트르를 꼽는다. 하지만 이 두 인물은 뚜렷한 대조를 이룬다. 하이데거보다 사르트르가 15년이나 늦게 태어났지만 동시대인이었던 이들의 결정적인 차이는 바로 국적이었다. 하이데거는 독일인이었고 사르트르는 프랑스인이었다. 국적이 이 시기처럼 운명을 좌우하는 경우도 드물 것이다. 하이데거는 패망국의 지식인이었고, 사르트르는 승전국의 지식인이었다. 하이데거는 나치를 추종했고 사르트르는 레지스탕스 활동에 복무했다. 후기로 가면 갈수록 하이데거는 신비주의로 경도되지만, 사르트르는 현실 정치에 깊게 개입했다. 하이데거가 현실에서 점점 멀어지면서 소극적인 세계에 빠져들었다면, 사르트르는 현실에 점점 밀착되어 적극적인 철학을 전개했다고도 말할 수 있다. 이처럼 실존주의라는 같은 이름으로 거론되지만 두 사람의 철학적 기조는 전혀 딴판이다. 이제 한 시대를 풍미했던 사상가이자 작가 사르트르를 만나보자.

현실 참여의
철학자

　　　　　　　　　　장 폴 사르트르(Jean-Paul Sartre)는
1905년 파리에서 태어났다. 해군이었던 그의 아버지는 그가 2살 되
던 해 전사했다. 아버지 없이 자라난 자식에게는 한 가지 축복(?)이
주어진다. 권위에 얽매이지 않고 자신의 길을 선택할 수 있는 축복이.
그는 어린 시절 외조부 밑에서 자랐다. 그의 외조부는 우리에게 너무
나 잘 알려진 아프리카의 별 슈바이처 박사의 큰아버지이기도 했다.

　이후 그는 파리 고등사범학교에 입학하여 재학 시절 메를로 뽕띠
와 시몬 보부아르 등과 친분을 맺었다. 졸업할 때 각각 1등과 2등을
차지한 사르트르와 보부아르는 계약결혼을 해 당대에 큰 화제를 부
르기도 했다. 사르트르는 철학 교수 자격을 딴 후 여러 고등학교에서
교단에 섰다. 1933년부터 약 2년간 독일에서 현상학을 공부했으며
그 경험은 그의 창작 활동에 큰 영향을 끼쳤다. 그는 우리에게는 철학
자라기보다는 작가로 더 잘 알려져 있다.『벽』(1937)이나『구토』(1938)
등은 한국에서도 널리 알려진 작품이다.

　1939년 2차 대전에 가담하여 독일군의 포로가 되었다가 석방된
뒤 레지스탕스 활동을 전개했다. 그 시기 집필한 철학책『존재와 무』
(1943)는 그를 일약 스타로 만든다. 당시 그의 책은 '빵처럼 팔려' 슈퍼
베스트셀러가 되었다. 전쟁이 끝나고『현대』지를 창간하여 당대의 첨
예한 논쟁의 주역이 되기도 했다. 왕성한 활동과 저술에 힘입어 그의
실존주의는 전 세계로 퍼져나갔고, 그의 이름은 실존주의와 동의어처

　　　　　　　　너무 재밌어서 잠 못 드는 철학 수업

럼 취급되었다.

2차 대전 후 사르트르는 마르크스주의에 매력을 느끼고 마르크스주의와 실존주의를 화해시키려고 노력했다.『변증법적 이성 비판』(1960)은 그러한 그의 노력의 산물이라고 볼 수 있다. 그는 공산주의 진영과 당 밖에서는 꾸준히 긴밀한 협조 관계를 맺었으나 현실 사회주의에 대해서는 비판의 관점을 고수했다. 1964년에 그는 노벨 문학상 수상을 거부함으로써 또 한번 전 세계를 놀라게 했다. 부르주아가 주는 상을 양심적이고 혁명적인 작가가 받을 수 없다는 것이 이유였다. 그는 1980년 파리에서 운명했다.

위대한 문학가이자 철학자로, 예술과 정치의 양면에서 가장 활발히 활동했으며 현실 참여의 문학과 철학을 주장했던 실존주의자 사르트르의 삶과 사상 속으로 더 깊이 들어가보자.

애인을 기다리는 마음

철수와 영희는 사랑하는 사이이다. 둘은 오후 5시에 시내 모 카페에서 만나기로 했다. 철수는 급한 일이 생겨서 약속시간보다 15분 늦게 카페에 도착했다. 영희는 없었다. 철수는 혹시나 올까하고 영희를 기다리기로 했다. 도착한지 20분이 지났지만 영희는 오지 않았다. 시끄러운 음악, 분주히 움직이는 사람들. 그러나 그 속에 영희는 없었다. 그러다 등 뒤에서 누가 어깨를

쳤다. 철수는 반갑게 고개를 돌렸다. 아는 친구인 영수였다. 평소라면 반가워했겠지만 지금은 안중에 없었다. 심드렁하게 인사를 나누고 고개를 돌렸다. 영수는 이상하다는 듯이 다른 자리에 가 앉았다. 영희가 없다.

철수의 온 정신은 영희에 대한 생각으로 가득 차 있다. 영희를 제외한 모든 사물은 아무런 의미가 없는 것이다.

칸막이마다 가득 찬 손님, 테이블, 거울, 천장의 조명등, 발자국 소리, 낡은 찻잔들 그리고 담배연기 자욱한 그 카페를 메운 존재의 충만이 일시에 무화(無化)되는 것이다.

영희를 향한 철수의 마음이 그곳에 있는 모든 것을 없게 만든 것이다. 철수는 영희가 없다는 사실만을 깨달은 것이 아니다. 영희가 없자 아무것도 없었다.

존재와
무

안타까운 한 편의 멜로드라마와 같은 위의 장면이 사르트르 철학의 핵심을 이룬다. 이 멜로드라마의 제목을 『존재와 무』라고 하면 어떨까? 사르트르는 자신의 책 『존재와 무 : 현상학적 존재론의 시도』(1943)에서 인간 존재의 문제를 탐구한다.

제목에서 알 수 있듯이 사르트르는 철학의 핵심 개념으로 '무(無)'를 도입한다. 인간이 이 '없음'을 경험하는 것은 연애뿐만이 아니다.

너무 재밌어서 잠 못 드는 철학 수업

인간은 일상생활 속에서 다양하게 이 결핍을 경험한다. 현재에 만족하지 않는 사람은 언제나 결핍을 경험하며, 그 결핍을 메우기를 갈망하며, 결핍을 채울 가능성을 모색한다. 그때 그가 가지고 있는 것은 가지고 있지 않은 것에 의하여 무화된다. 그는 자신의 현재 상태를 부정하고 새로운 가능성을 향해 자신을 내던진다.

사르트르는 이와 같은 인간 존재를 '대자존재'라고 했다. **대자존재**(being-for-itself)는 즉자존재(being-in-itself)와 대비되는 개념으로, **즉자존재**가 인과론에 지배받는(in) 사물적 존재, 자신의 존재에 대하여 의심하거나 부정하지 않고 그냥 그대로 있는 존재라고 한다면, 대자존재는 이와는 반대로 자신의 존재에 대하여 부정하고 무화시키며, 새로운 가능성을 향하는 존재라 할 수 있다. (사르트르의 이 용어는 헤겔에서 온 것이며, 하이데거의 존재자, 존재 개념과 유사하다.) 사르트르는 대자존재를 가리켜 "존재하지 않는 것으로 존재하고, 존재하는 것으로는 존재하지 않는 존재 양식"이라고 말했다.

자유를 선고받음

인간은 인과론에 얽매이는 즉자존재와는 달리, 그 인과론에서 벗어나 자신의 미래에 대하여 자유로운 선택을 할 수 있는 존재이다. 사르트르는 인간 존재의 이러한 특성을 다음과 같이 선언했다. "우리는 자유를 선고받았다."

혼히 사르트르의 철학을 자유의 철학이라고 말한다. 하지만 사르트르의 자유 개념은 독특한 자신만의 색조를 가지고 있다. 예컨대 사르트르의 자유는 법칙을 깨닫고 그 법칙을 이용할 수 있는 능력을 뜻하지 않는다. 사르트르가 보기에는 인간이 선택할만한 올바른 보편적 기준이나 법칙, 규범은 이 세상에 없다. 때문에 인간의 자유를 제약하는 어떠한 가치 체계도 그는 부정한다. 인간은 스스로 가치를 창조하는 자기 가치의 창조자이다.

한편 그는 아무 것도 하지 않는 것은 자유가 아니라고 주장한다. 그것은 일종의 방종이며, 도피이고, 그릇된 신념이 빚어낸 무책임한 행동에 불과하다. 그것은 대자존재인 인간이 즉자존재로 전락하는 것에 다름 아니다. 인간은 매 순간 결단하고 선택하여야 한다. 그것이 바로 자유이다. 또한 선택에 따른 전적인 책임 역시 인간의 몫이다.

이러한 자유야말로 레지스탕스로 활동해온 사르트르에게 가장 잘 어울리는 개념이라고 할 수 있다. 하지만 사르트르의 자유 개념에도 문제는 있다. 자아의 절대적인 자유를 주장하는 사르트르의 자유는 타인의 자유와 마주치는 즉시 엄청난 불협화음을 일으킨다.

타인은
지옥이다

공원의 벤치에서 지나가는 사람을 보며 이런저런 상념에 빠졌다. 아이를 데리고 산보하는 엄마의 모습

너무 재밌어서 잠 못 드는 철학 수업

을 보며 미소를 짓다가, 술이 취해 흔들리며 지나가는 취객을 보면서 인상을 찌푸렸다. 그러다가 불현듯 옆 벤치에 앉아서 나를 보고 있는 다른 사람을 보았다. 순간 나는 얼굴을 붉어졌다. 내(주체)가 다른 사람들(타자)를 보는 것처럼, 누군가(주체)는 나(타자)를 보고 있었던 것이다. 나의 입장에서는 내가 주체이지만, 누군가의 입장에서는 내가 대상이 되는 것이다.

인간이 로빈슨 크루소처럼 혼자 사는 것이 아닌 이상, 사람은 다른 사람과 관계를 맺고 살 수밖에 없다. 즉 자기 아닌 타인의 눈을 의식하지 않고 살 수 없다. 사르트르는 이러한 인간 존재를 '대타존재(being-for-Others)'라는 말로 설명한다.

나는 사물뿐만 아니라 타인조차도 하나의 대상으로 인식한다. 즉 타인을 사물과 마찬가지인 즉자존재로 취급한다. 그러나 사태는 여기서 끝나지 않는다. 타인 역시 나를 인식할 때 하나의 대상으로 이해한다. 즉 타인은 나를 즉자존재로 취급하는 것이다. 사르트르의 표현을 빌리자면, "타인은 나에게 지옥이다." 타인이 나에게 즉자존재가 되는 것과 마찬가지로 내가 타인에게 즉자존재가 되는 이 지옥 같은 사태를 맞이하여 인간이 할 수 있는 것은 무엇일까?

출구

전쟁이 끝나고 사르트르는 마르크스주의에 관심을 갖는다. 『변증법적 이성비판』(1960)은 바로 실존주의와 마르크스주의의 화해를 꾀하려는 그의 대표적인 후기 저작이다. 사르트르의 실존주의 철학 역시 전후 그 관점을 달리하기 시작한다. 초기의 개인적인 실존과는 달리 사회와 역사에 대한 인간 존재의 관계를 다룬다.

자아와 타아의 투쟁은 이제 계급투쟁으로 확대된다. 개인적인 결단의 자리에 집단적인 결단이 자리잡는다. 심리적인 투쟁은 실제적인 투쟁으로 전화된다. 이제 자유는 구체화된다. 사유의 철학은 행동의 철학이 된다. 사르트르는 이처럼 마르크스주의의 이론으로 실존주의를 재무장시켜 사회에 대한 공격을 수행한다.

인간은 기본적으로 물질적인 충족을 필요로 한다. 하지만 사회는 인간 모두가 온전히 물질적인 충족을 누릴 수 없도록 나뉘어져 있다. 소수의 사람이 대부분의 재화를 향유하고 있으며, 대부분의 사람은 부족한 재화로 인하여 고통받고 있다. 때문에 투쟁은 불가피해진다. 공평무사함이란 없다. 다수의 억압받는 사람들이 진정한 자유를 되찾기 위해서는 불가피하게 억압하는 소수의 자유를 박탈하지 않을 수 없다. 그것은 정당하다.

사르트르는 마르크스주의를 통하여 출구를 발견했다. 사르트르를 비롯한 당대의 수많은 지식인들이 마르크스주의를 선택한 이유가 바로 그 해방적인 기능 때문이었다. 사르트르는 이러한 자신의 입장에 입각하여 일제 치하에서 압제받던 우리나라의 해방 투쟁을 옹호했고, 프랑스로부터 해방되려는 알제리의 투쟁에 지지를 보냈다. 또 베트남 전쟁에 대한 미국의 개입을 전쟁범죄라 낙인찍었다. 한편 제 3

세계의 해방 투쟁에 대하여 열렬한 지지와 지원을 아끼지 않았다.

하지만 사르트르가 마르크스주의를 자신의 철학으로 삼았다고 해서 마르크스 철학을 그대로 수용한 것은 아니었다. 엄밀하게 말하면 사르트르의 마르크스주의는 실존주의화된 마르크스주의라고 볼 수 있다. 그는 토대에 의하여 상부구조가 결정된다는 경제결정론에 반대했다. 이러한 결정론에 의하면 인간이 설 자리는 없다고 보았다. 또한 당시의 사회주의 국가에 대하여 무조건적인 지지를 보내지도 않았다. 오히려 사르트르가 보기에는 당대의 사회주의는 경제결정론에 입각하여 인간의 자유를 억압하는 체계이며, 진정한 의미의 변증법에 대하여 이해하지 못하는 사회였다.

나는 존재한다
고로 생각한다

사르트르 역시 현상학의 영향을 강하게 받았다. 그가 이해한 인간은 '실존이 본질에 앞서는' 존재이다. 인간에게 본질이란 없다. 인간은 아무런 본질도 갖지 않고 태어난다. 그리고 태어나고 나서도 반드시 따라야만 하는 정언명령(본질)이란 없다. 인간은 자유를 선고받은 존재이다. 때문에 인간은 자신의 선택의 의하여 스스로 만들어나가고, 끊임없이 자신을 무화시키고, 초월하며, 새로운 가능성을 향해 자신을 내던지는 존재이다. 인간은 자신의 선택에 따른 책임을 지면 그만인 것이다.

이러한 사르트르의 자유의 철학은 마르크스주의와 만남을 통하여 구체적인 행동의 철학으로 이어지고, 계급투쟁의 철학과 친화력을 갖게 된다.

사르트르는 인간에 대해 선험적인 본질을 부정함으로써 인간 이해의 새로운 가능성을 열어주었다. 그의 철학은 그런 의미에서 **인간주의**(humanism)이라 할 수 있다. (사르트르는 『실존주의는 휴머니즘이다』라는 제목의 책도 썼다.) 또한 그의 철학은 인간 존재 이외에 아무런 본질을 인정하지 않았다는 점에서 철저한 무신론이라고 볼 수 있다. 한편 이러한 그의 입장은 후에 레비스트로스 등 구조주의 철학자들에 의하여 엄청난 반격을 당하게 된다.

하이데거와
사르트르

이상으로 우리는 후설의 현상학을 인식의 영역에서 존재의 영역으로 확장한 하이데거와 사르트르를 만나보았다. 또한 같은 현상학적 존재론에서 출발하였지만 하이데거의 존재 철학이 '죽음의 철학' 또는 '신비의 철학'으로 귀결된 반면, 사르트르의 철학은 '자유의 철학' 또는 '행동의 철학'으로 이어졌다는 것 또한 확인했다.

한편 그들의 존재 철학은 구조주의 철학의 도전을 받는다. 구조주의 철학은 인간 주체를 언어의 효과로 보고 궁극적으로 인간 주체를 해체하는 방향으로 논의를 전개한다. 따라서 구조주의 철학의 입장에서 본다면 하이데거와 사르트르의 존재론은 현실을 올바로 보지 못하는 속임수에 불과할 뿐이다.

자유인가, 구조인가? 아직 이 물음에 답할 때가 아닌 것 같다. 아니 이 물음은 결코 답할 수 없는 궁극적인 질문이다. 과연 인간에게 자유란 무엇인가? 사르트르를 마치며 자유에 대하여 명상할 수 있는 한 편의 시를 소개할까 한다. 김남주 시인의 「자유」이다.

만인을 위해 내가 일할 때 나는 자유
땀 흘려 함께 일하지 않고서야
어찌 나는 자유이다라고 말할 수 있으랴

만인을 위해 내가 싸울 때 나는 자유
피 흘려 함께 싸우지 않고서야
어찌 나는 자유이다라고 말할 수 있으랴

만인을 위해 내가 몸부림칠 때 나는 자유
피와 땀과 눈물을 나눠 흘리지 않고서야
어찌 나는 자유이다라고 말할 수 있으랴

사람들은 맨날
겉으로는 자유여, 형제여, 동포여! 외처대면서도

안으로는 제 잇속만 차리고들 있으니

도대체 무엇을 할 수 있단 말인가

도대체 무엇이 될 수 있단 말인가

제 자신을 속이고서

성별의 거짓을 의심하다

시몬 드 보부아르(Simone de Beauvoir)

시몬 드 보부아르는 사르트르와 계약결혼을 하고 죽는 날까지 신의를 지켰던 것으로 알려져 있기도 하지만 그 이상으로 현대 여성에 대한 억압을 분석하고 페미니즘의 선구자였던 작가요, 사상가였다.

보부아르는 1908년 프랑스 파리에서 태어나 아버지의 영향을 받아 희곡과 문학에 취미를 가졌다. 그의 아버지는 법조인이었지만 아마추어 배우이기도 했다. 아버지는 딸이 학문적인 성공을 거둬 가난에서 벗어나기를 희망했다.

15세에 보부아르는 작가가 되기로 결심을 하고, 파리 고등사범학교에 입학하여 철학을 전공했다. 그때 사르트르를 비롯한 당대 지식인들과 교류했다. 이후 소르본 대학으로 진학하여 최연소로 철학 교수 자격시험을 통과했다.

1943년 그녀는 연대기적 소설인 『초대받은 여자』를 출간했다. 소설의 형식으로 보부아르와 사르트르의 복잡한 관계를 다루었다. 이후 『레 망다랭』이라는 소설을 출간하고, 프랑스의 가장 권위있는 문학상인 공쿠르상을 수상했다. 2차 대전 이후를 배경으로 한 이 책에서 그녀는 자신의 주변 인물에 대하여 자세히 묘사했다.

보부아르를 가장 유명하게 만든 작품은 실존주의 페미니즘을 다룬 『제2의 성』이었다. 이 책에서 보부아르는 여성은 남성이 만든 거짓된 아우라로 타자화되어 순종하는 여성으로 만들어진다고 주장했다. 남성이 여성에 대한 고정관념을 퍼뜨

려 결국 남성 중심의 가부장적 사회를 유지하고 조직하기 위한 방편으로 성을 사용한다고 주장했으며 여성해방의 가능성을 타진했다. 보부아르는 여성 역시 남성과 마찬가지로 스스로 실존적 삶을 선택을 할 능력이 있으며, 세계에 대해 책임을 질 수 있는 위치에 오를 수 있다고 역설했다. 인생 후반까지 활발한 활동을 펼친 그녀는 1986년 사망해 몽파르나스 묘지에 안장되었다.

그람시
감옥에서 보낸 편지

정치 투쟁에서 또 하나
염두에 두어야 할 것이 있다.
곧 지배 계급의 방식은 흉내
내어서는 안 된다는 점이다.
흉내를 내다가는 쉽게 복병을
만나기 때문이다.

두뇌의 작동이 금지된 사람, 그람시

"우리는 앞으로 20년간 이 자의 두뇌작동을 금지시켜야 합니다." 이 말은 1928년 위대한 이탈리아 혁명가 그람시가 재판을 받을 때 검사 측에서 한 말이다. 그 후 투옥된 그람시는 결국 1937년 건강이 악화되어 병원에서 사망하고 만다. 이탈리아의 파시즘은 그의 육체를 철저히 가두었다. 하지만 그의 두뇌작동을 금지시키는 데에는 실패했다. 오히려 그람시로 하여금 과거의 혁명운동에 대한 깊은 명상을 할 시간과 갇혀 있는 덕택에 외부의 정치적 격변기의 위험을 무사히 넘길 수 있는 기회를 제공했다. 그리하여 탄생한 산물이 그 유명한 『옥중수고』이다.

안토니오 그람시(Antonio Gramsci)는 1891년 이탈리아의 깡촌 알레스의 가난한 부모에게서 태어났다. 엎친 데 덮친 격으로 그는 어릴 때부터 척추 이상으로 키가 자라지 않았고, 다 성장한 이후에도 152센티미터의 곱사등이가 되었다. 겉모양만이라면 그는 영락없이 볼품없

는 사람이었다. 자라면서 계속 병치레를 했던 그는 1911년 지역 장학
생으로 이탈리아의 명문 토리노 대학에 입학했다. 대학 시절 그는 언
어와 철학에 재능을 보였지만 그나마도 가난과 병고로 중간에 학업
을 포기할 수밖에 없었다. 이후 그람시는 1913년 이탈리아 사회당에
입당하여 본격적인 사회주의 운동을 전개했다. 1917년 러시아 혁명
을 목도하고, 이에 영향을 받아 1921년 이탈리아 공산당을 창당하며
실질적인 지도자가 되었다. 이 기간 동안 그는 이탈리아 노동운동에
참여했고 『신질서』라는 기관지도 발간했다. 24년에 국회의원으로 당
선되기까지 했던 그람시는 이탈리아 파시즘의 탄압으로 결국 감옥에
갇혀 1937년 46세의 이른 나이에 병사하고 만다.

마키아벨리를 통과한
마르크스주의

엄밀히 말해 그람시는 철학자는
아니다. 하지만 그는 철학하기를 멈추지 않았다. 그람시는 철학을 위
한 철학을 하였던 것이 아니라 이탈리아의 현실을 정치를 통해 변화
시키기 위해 철학을 했다. 그가 『군주론』을 쓴 이탈리아 사상가 마
키아벨리를 깊이 연구하였던 것도 바로 그 때문이었다. 그는 마키아
벨리적 개념으로 이탈리아를 분석하였고 마르크스주의를 풍성히 했
다. 그가 혁명정당의 역할에 대해 고민하고 쓴 **현대의 군주** 개념이나
헤게모니를 쥐는 집단에 대해 논하기 위해 만든 **역사적 블록**(historical

bloc)이라는 개념 역시 마키아벨리에게서 영감을 얻은 것이다. 또한 정치의 두 측면인 **권위/동의**의 개념 역시 마키아벨리에서 기인한다.

그밖에도 그의 사후에 출간된 『옥중수고』는 비록 철학적으로 체계적인 구조를 갖추고 있는 것은 아니지만 후대의 철학자들에게 수많은 지식의 보고요 영감의 원천이 되었다. 그 속에서 다루고 있는 주제는 비단 정치뿐만 아니라 경제, 사회, 문화, 철학, 문학 등 광범위하다. 한편 『옥중수고』에는 지금도 고전적으로 인용되는 기동전/진지전, 국가/시민사회, 토대/상부구조를 혁신한 상부구조의 물질성 등의 개념 등이 등장한다. 그람시라는 인물의 독자적 천재성을 다시 느낄 수 있다.

한편 우리는 여기서 철학적 개념 창출의 역할에 주목하게 된다. 그람시에게 개념은 사색의 도구만이 아니다. 그람시는 과거와는 다른 현대 자본주의사회를 분석하기 위하여, 그 자본주의사회를 격파하기 위하여, 이탈리아의 변화를 위하여 개념들을 작동시켰다. 그런 의미에서 그의 철학은 알맞게도 **실천철학**이라 불린다.

현대사회 :
켄타우르스

현대사회는 어떻게 작동되는가? 지배와 피지배는 어떤 방식으로 이루어지는가? 가장 효율적이고 합리적인 지배 방식은 무엇인가? 이러한 질문에 그람시는 마키아벨리가 『군주론』에서 들었던 켄타우로스(半獸半人) 비유를 활용한다.

싸움에는 두 가지 방식, 즉 법에 의한 싸움과 힘에 의한 싸움이 있다는 것을 알아야 합니다. 전자의 것은 인간에게 어울리는 것이고, 후자의 것은 야수에게 어울리는 것입니다. 그러나 때로 첫 번째 방식이 부적절하다고 판명될 때 두 번째 방식에 의존하지 않을 수 없습니다. 그러므로 군주는 야수와 인간 모두를 멋지게 사용하는 방법을 알고 있어야 합니다.

위의 인용에서 알 수 있듯이 현대사회는 강제와 동의, 권위와 헤게모니, 폭력과 문명(기만), 정치사회와 시민사회, 정치와 도덕성, 법과 자유 등등의 반수반인적 성격이 동시적으로 관철된다. 여기서 우리는 그람시가 이해한 현대사회의 두 가지 특징을 파악할 수 있다.

첫째, 그람시는 현대사회를—정통 마르크스주의자들과는 달리—정치학적으로 분석하고 있다는 점이다. 당시 마르크스주의자들이 정치는 경제에 종속된 형태에 불과하다고 보았다면, 그람시는 정치(상부구조)를 독립적인 영역으로 간주했다. 둘째, 현대사회는 정치에 있어서도 단순히 폭력에 의하여 지배가 관철되는 것이 아니라 동의와 공감대의 형성이 병행되는 양태를 띤다고 그람시는 보았다.(이에 대한 논의는 알튀세르의 '이데올로기론'을 통하여 확장된다.)

이러한 관점에서 그람시는 그의 고유한 시민사회론을 피력한다. 이에 대한 설명은 나중에 하기로 하고, 먼저 그람시는 유럽에서의 혁명 모델은 러시아의 혁명과 다를 수밖에 없다는 점을 지적했다. 러시아의 경우, 시민사회의 성숙 없이 국가의 즉각적이고 직접적인 전복

너무 재밌어서 잠 못 드는 철학 수업

을 통하여 혁명이 완수될 수 있었던 반면, 서구 사회는 이미 정치사회와 시민사회가 균형적으로 형성된 이후이기 때문에 이에 대한 고려가 반드시 수반되어야 한다. 이를 위해 필요한 것이 '헤게모니'이며 전략적으로는 '진지전'으로 구체화된다. 이에 대하여 살펴보자.

정치사회와
시민사회

기존의 마르크스주의적 사회모델에 의하면 한 사회는 **토대**(경제 영역)와 **상부구조**(정치 영역)의 이분법적 구조로 이루어져 있으며, 상부구조는 토대에 의하여 결정된다. 하지만 그람시는 기존의 토대/상부구조론을 혁신하여 상부구조의 독립성을 전제한 후 '국가 = 정치사회 + 시민사회, 즉 강제력으로 무장한 헤게모니'라는 공식을 제출한다. 이를 간단히 도표화하면 다음과 같다.

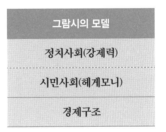

기존의 모델	그람시의 모델
	정치사회(강제력)
상부구조	시민사회(헤게모니)
경제구조	경제구조

그람시가 특히 주목한 것은 정치사회와 시민사회의 관계이다. **시민**

사회는 사적(私的)인 조직체계의 총체이며, '설득을 통한 합의'에 기초한 사회이다. 한편 시민사회는 종교, 철학, 예술, 문화 등등의 다양한 이데올로기 영역들을 포괄하는 유기체이며, 계급적이기보다는 보편적인 성격을 유지한다. 이러한 시민사회관은 그람시가 서구 사회를 분석하면서 획득한 것인데, 그람시가 보기에 서구 사회는 강력한 강제력을 가진 정치사회와 시민이 동의를 전제로 한 시민사회의 균형을 통하여 지배력을 관철시켰다. 동의와 무력, 지도(헤게모니)와 지배! 시민사회와 정치사회를 보다 쉽게 이해하기 위해 도표로 비교해 보았다.

정치사회	시민사회
정치, 군사 영역	이데올로기 영역
강제력과 무력	동의
공적영역(국가내적 정치공간)	사적영역(국가 외적 정치공간)
지배(dominant)	지도(leading: 헤게모니)

물론 이러한 두 사회 간의 균형이 어떻게 이루어지는가에 대해서는 논란의 여지가 많지만, 이러한 모델의 변화는 여러 가지 새로운 시사점을 던진다.

헤게모니

그람시는 역사 발전에 있어 경제·정치적 요소뿐만 아니라 문화적·지적 요소 또한 중요하다는 점을 간파했다. 따라서 한 사회집단이 진정한 지도력을 가지기 위해서는 반드시 이러한 능력을 갖추어야만 한다. 그것을 설명하기 위한 개념이 바로 **헤게모니**이다. 다음 인용문을 보자.

한 계급의 지배는 두 가지 방식으로, 즉 '지도'와 '지배'를 통하여 이루어진다. (…) 한 사회집단은 통치권력을 획득하기 이전에조차 '정치적 헤게모니'는 가질 수 있고 또한 반드시 가져야 한다. 그러므로 우리는 정치권이 정치적 지도력이나 헤게모니를 행사하기 위해 발휘하는 권력과 물리적 힘에만 유독 주목해서는 안 된다.

한 사회를 지도하기 위해서는 힘만이 아니라 명분이 있어야 한다. 그것 없이는 깡패집단에 불과하다. 그람시의 헤게모니론은 부르주아 정치의 새로운 국면에 대한 이해뿐만 아니라 앞으로 실행해나가야 할 노동자의 정치 활동의 양상에 대한 고찰로 확장된다.

그 헤게모니 장악을 위한 조직적 표현이 **현대의 군주**라고 표명되는 혁명정당이며, 주체적 표현이 **유기적 지식인**이며, 전략적 표현이 **진지전**이다. 요컨대 이제 권력의 장악을 위해서는 우선 헤게모니를 장악해야하며, 그 헤게모니를 장악하기 위한 제반 조치들이 강구되어야 한다. 권력의 장악은 단박에 이루어지는 것이 아니라 장구한 과정을 통하여 실현되는 것이다.

현대의 군주:
혁명정당

　　　　　　　　　　따라서 현대의 혁명은 정치사회뿐
만 아니라 시민사회까지를 장악해야 한다. 그렇다면 어떻게 정치사회
뿐만 아니라 시민사회를 장악할 것인가? 그람시는 혁명정당을 '현대
의 군주'라 일컬으면서 다음과 같이 말한다.

　　현대의 군주는 하나의 구체적인 개인일 수 없다. 그것은 오직, 이미
　　인정받고 있으며 또 어느 정도까지는 행동을 통하여 스스로를 확인한
　　하나의 집단의지(collective will)가, 그 속에서 하나의 구체적인 형태를
　　취하기 시작하는 유기체 혹은 복합적 사회요소일 수밖에 없다. 역사
　　는 이미 이러한 유기체를 보여주었으며 그것이 바로 혁명정당이다.

　　현대의 군주는 지적·도덕적 개혁의 선포자이자 조직가이어야 하며
　　또 그렇지 않을 수 없는데, 그것은 또한, 국민적·민중적 집단의지가
　　현대문명의 보다 우월하고 전체적인 형태를 실현하는 쪽으로 계속해
　　서 발전해나갈 수 있는 지형의 창출을 의미하는 것이기도 하다.

　　앞으로 소개될 철학자 루카치의 정당론과 대조해봤을 때 그람시의

현내의 군주론이 주장하고자 하는 바를 한층 더 또렷하게 이해할 수 있다. 역시 마르크스주의에 깊은 영향을 받았던 루카치는 공산당이 노동자 계급에 사회의식을 고취할 수 있어야 한다고 주장했다. 일견 그람시가 혁명정당의 역할이라고 주장하는 것과 비슷해 보인다. 그러나 루카치의 정당론이 위로부터 강구되는 것이라면, 그람시는 철저히 아래로부터 모색되는 것이다. 또한 루카치가 기존의 민중에 대한 주입식 노선을 따랐다면 그람시는 철저히 국민·민중의 집단의지를 확인하는 유기체적 노선을 따랐다. 한 가지 더하자면, 그람시의 혁명정당은 지적·도덕적(이데올로기적) 요소가 한층 부각되었다.

전통적 지식인과 유기적 지식인

그람시의 노선에 따르면 지적·도덕적 헤게모니를 장악하기 위해서는 지식인의 역할이 중요할 수밖에 없다. 지식인이야말로 '국가의 존재와 그것의 역사적 위엄을 추상적으로 합리화시키는' 역할을 담당하기 때문이다.

그람시는 독특한 지식인론을 펼친다. 그람시에 따른 지식인은 전통적인 지식인의 개념처럼 역사와 분리된 자율집단이 아니라, 한 사회집단의 조직적인 지류를 가리키는 것이다. 결국 "지식인이라고 하는 그 어떤 독자적인 계급이 존재하는 것은 아니다. 모든 사회집단은 자기 자신의 지식인 계층을 가지고 있고 또 형성하는 경향이 있다."

지식인의 범위는 매우 광범위하다. 그람시는 심지어 '모든 사람이 지식인이다'라고 말하기까지 했다. 왜냐하면 인간 활동은 그것이 정신적인 것이든 육체적인 것이든 지식을 필요로 하기 때문이다. 그런 의미에서 "생산하는 사람(homo faber)과 생각하는 사람(homo sapiens)은 분리될 수 없다."

하지만 모든 사람이 지식인이라고 모두가 사회에서 지식인 기능을 수행하는 것은 아니다. 여기서 그람시의 **유기적 지식인론**이 대두된다. 유기적 지식인이란 자신이 속한 계급과 그 집단의지가 '유기적으로' 결합하여 형성된 지식인이다. 그에 따라 유기적 지식인은 "단순한 선동가를 넘어선 건설자, 조직가, 영원한 설득자로서 현실생활에 적극적으로 개입"한다.

이러한 그람시의 지식인론은 시민사회의 헤게모니 장악이라는 측면에서 매우 중요한 지위를 갖는다. 지식인은 '이데올로기적'으로 시민사회에 응집력과 통합력을 갖게 함과 동시에 '실천철학'을 대중에게 전파하는 역할을 갖는다. 하지만 이러한 역할이 지식인/대중을 분리하는 것이 아님은 분명하다. 그람시는 지식인과 대중의 차이는 질적인 것이 아니라 양적인 것이라고 보았다.

기동전과
진지전

마지막으로 그람시가 바라보는 혁

너무 재있어서 잠 못 드는 철학 수업

명 전략에 대하여 살펴보자. 그람시는 혁명 전략을 **기동전**(war of move-ment)과 **진지전**(war of position)으로 구분하고, 서구 사회의 혁명을 위해서는 무력으로 지배하고자 하는 기동전보다는 동의로 점령해나가는 진지전의 중요성을 강조했다. 왜냐하면 현대 서구 사회의 혁명은 무엇보다도 시민사회의 이데올로기적 헤게모니 장악과 국민·민중의 집단적 열망을 고취시키는 전략이 필요하기 때문이다.

그렇다고 그람시가 기동전을 포기한 것이라고 여겨서는 안 된다. 기동전과 진지전은 유기적인 것이고 상호 연관된 것으로 파악해야 한다.

혹자는 진지전을 의회민주주의나 혁명이 아니라 개량투쟁과 연관시키려고 하지만 그것은 그람시의 의도로부터 멀리 떨어진 것이다. 진지전은 오히려 근본 혁명을 위한 총체적인 전략이며 혁명의 완수를 위하여 전 방면에서 헤게모니를 장악하는 포위 공격의 성격이 강하다.

역사의
거름

그람시를 통하여 우리는 현대 서구 사회에 대한 새로운 분석 방법과 혁명 전략을 살펴보았다. 또한 그 혁명 전략이 얼마나 장구하고 총체적이며, 인내와 창의성을 요구하는 것인지 알게 되었다. 한편 그람시의 '모든 사람은 철학자'라는 관점은 지식인과 대중을 분리하고 대중은 단지 계몽의 대상이라고 생각하고 있었던 우리의 상식을 뒤흔들기에 충분한 것이다.

현대의 정보화사회로 오면서 그람시의 관점은 더욱 유용한 분석틀을 제공한다고 볼 수 있다. 요즘 유행하고 있는 문화에 대한 관심 또한 바로 그람시로부터 출발했다고 해도 과언이 아니다. 오늘날 문화영역을 연구하는 사람치고 그람시를 공부하지 않은 사람은 드물 것이다.

비록 신체적인 불구와 육체적인 감금 상태에서 고통받고 젊은 나이에 죽음을 당했지만, 그람시가 소중한 것은 그의 연구뿐만 아니라 무엇보다도 그가 학문하는, 역사를 살아가는 자세가 아닌가 싶다. 그람시를 마치며 그의 『옥중수고』 중 한 대목을 소개할까 한다.

이전에는 사람들이 모두 역사의 경작자가 되고 싶어 했다. 능동적이고 적극적인 역할을 맡고 싶어 했다. 아무도 역사의 '거름'이 되고 싶어 하지 않았다. 그러나 먼저 땅에 거름을 주지 않고 경작을 할 수 있을까? 그러므로 경작자와 거름은 둘 다 필요한 것이다. 사람들은 추상적으로는 모두 이 사실을 인정했다. 그러나 현실은? '거름'은 희미한 그림자로 사라져 버리곤 했다. 하지만 이제는 사정이 달라졌다. 스스로 '철학적으로' 거름이 되는 것에 적응하는 사람들, 거름이야말로 자신이 되어야 할 것이며 스스로 적응하여야 할 것이라는 것을 사람들이 알기 때문이다. (…) 거름의 경우에는 문제가 장기적인 것이며 매 순간마다 계속 새로이 제기된다. (…) 독수리에게 공격당하는 것이 아니라 벌레들에게 뜯어 먹히는 프로메테우스의 상(像)!

너무 재밌어서 잠 못 드는 철학 수업

루카치
예술에 담긴 시대의 진리를 말하다

별이 빛나는 창공을 보고,
갈 수가 있고 또 가야만 하는
길의 지도를 읽을 수 있던
시대는 얼마나 행복했던가?
그리고 별빛이 그 길을 훤히
밝혀주던 시대는 얼마나
행복했던가?

총체성의 철학자,
루카치

　　　　　　　　　　루카치(Lúkacs György)는 1885년 헝가리의 부다페스트에서 은행장의 아들로 태어났다. 법철학을 전공하였고 1906년에 경제학 박사 학위를, 1909년에는 철학 박사 학위를 받았다. 1918년 12월 헝가리 공산당에 가입하여 활동했다가 헝가리 혁명의 좌절된 후 빈으로 망명했다. 그 후 2차 대전이 터지고 독일 파시즘이 몰락할 때까지 계속해서 모스크바에 머물다가 종전 후 1945년 부다페스트로 돌아와 미학과 문학이론을 담당하는 교수가 되었다. 당시 헝가리는 소련군이 지원하는 일당독재체제였다. 독재체제를 반대하던 루카치는 '부다페스트의 봄'이 일어나 혁명 정부가 수립되자 그는 13일간 문화부 장관을 역임했다. 하지만 혁명은 소련군의 탄압으로 이내 실패했고 그는 루마니아로 추방되었다가 1957년에야 고향으로 돌아올 수 있었다. 그 후 그는 일체 정치에 관여하지 않고 예술과 철학 분야에 몰두하다가 1971년 세상을 떠난다.

그의 주저로는 『소설의 이론』(1916), 『역사와 계급의식』(1923), 『리얼리즘론』(1947), 『청년 헤겔』(1948), 『실존주의인가 마르크스주의인가』(1949), 『이성의 붕괴』(1954) 등이 있다.

그는 서유럽의 문제를 마르크스주의적 입장에서 비판하는 한편, 마르크스주의 또한 서유럽적 전통 속에서 심화시켜려는 노력을 기울였다. 이러한 작업 속에서 그가 가장 깊이 영향을 받은 사람은 헤겔이었으며, 후대에 그의 입장을 헤겔적 마르크스주의로 평가하는 것도 이 때문이다. 한편 그는 자신의 입장 때문에 좌우로부터 비판을 받아야 했으며, 그 자신도 여러 번 자아비판을 수행했다. 하지만 그가 현대 마르크스주의의 새로운 길을 개척했다는 점은 인정하지 않을 수 없다.

전쟁을 전후하여 비합리적 경향이 강화되고, 인간의 소외가 심화되어가는 서구에서 변증법적 방법을 통하여 이를 총체적으로 파악하고 극복하려 했던 서구의 지식인이자 혁명가인 루카치를 만나보자.

쌍둥이 위기

자본주의가 발달하지 않은 러시아에서는 사회주의 혁명이 수행되는데, 선진 자본주의 국가인 서구에서는 왜 계속해서 사회주의 혁명이 좌절되는 것일까? 루카치는 이러한 질문에 답하고자 했다.

너무 재밌어서 잠 못 드는 철학 수업

루카치는 1917년 러시아 혁명에 환호했다. 뿐만 아니라 그는 이러한 혁명이 자신이 속한 나라에서도 일어나기를 진정으로 바랐다. 그래서 그는 주저하지 않고 헝가리 공산당에 입당하여 주위 사람을 놀라게 했다. 그 후 1919년 혁명을 통하여 헝가리에도 소비에트 공화국이 선포되었지만 그 생명은 고작 133일이었다. 혁명이 좌절된 것이다.

그는 혁명의 좌절을 겪으면서 그 이유를 탐색했고 그중 하나로 당시 국제 공산주의 조직인 제2인터내셔널을 지배하고 있었던 수정주의적 마르크스주의 조류를 지적했다. (그는 말년에 이러한 조류로 인하여 발생한 마르크스주의 내부의 위기를 자본주의의 위기와 더불어 '쌍둥이 위기'라고 표현했다.) 그가 구체적으로 문제 삼은 것은 베른슈타인과 카우츠키의 주장이었다.

베른슈타인은 자본주의에 대한 전면적인 혁명을 부정하고 점증적인 개량을 주장하였으며, 사회주의를 역사적 법칙의 필연적 결과가 아닌 윤리적 이상으로 취급했다(주관주의적 관점). 반면 카우츠키는 스스로 '정통'을 주장하면서 사회주의 이론을 인간 주체성이 배제된, 진화론과 같은 과학의 법칙으로 보았다. 이러한 관점에 입각한다면 혁명을 경제 발전의 객관적 결과로 환원하게 된다(객관주의적 관점). 이 모두가 인간 주체의 의식성과 혁명적 실천의 가능성을 무시한 것이었다. 그는 이를 극복하기 위하여 마르크스로 돌아갔고 마르크스 이전의 헤겔을 새롭게 발굴했다.

헤겔적
마르크스주의

　　　　　　　　　그의 작업은 1923년에 하나의 결실을 본다. 『역사와 계급의식』을 출간한 것이다. 이 책 안에서는 로카치는 헤겔적 시각에서 마르크스의 동료였던 엥겔스의 '과학적' 변증법(자연변증법)의 관점을 비판한다. 루카치가 보기에 엥겔스는 자연과 사회를 구분하지 못하고 인간 사회를 딱딱한 인과율 속에 묶어두고 인간 주체의 의식적 개입을 배제하여 실증주의에 빠지는 오류를 범했다. 이러한 엥겔스의 관점은 앞선 베른슈타인과 카우츠키의 관점과 마찬가지로 주체와 객체를 분리시키고, 마르크스주의를 속류화시키는 것에 다름 아니었다.

　　그는 대신 마르크스의 관점은 주관주의나 객관주의의 양편향이 아닌 주관과 객관을 변증법적(역사적 총체성)으로 파악한 것이라고 보았다. 이러한 관점은 이미 헤겔을 통하여 우리에게 알려진 바 있다. 헤겔이 절대정신의 관점에서 역사를 해석했다면, 루카치는 계급의식의 관점에서 역사를 해석했다는 점이 다를 뿐이다. 더불어 그는 이러한 역사적 총체성이 현실 사회에서 어떻게 구현될 것인가라는 문제에 접근했다. 그것을 해명할 수 있다면, 그가 그토록 갈망했던 혁명의 가능성이 보이기 때문이었다.

장애물:
사물화

창문에 커튼이 드리워져 있으면 바깥세상을 볼 수 없듯이, 인간 사회를 총체적으로 파악해나가는 변증법적 과정은 **사물화**(reification)라는 장애물을 만난다. '사물화'는 인간이 '사물'의 상태가 되어 거기에 머물러 있음을 뜻한다.

루카치의 사물화라는 개념은 마르크스의 물신화라는 개념에 상응하는 것이다. 마르크스는 이미 『자본론』에서 인간의 가치가 상품 가치로 전락하고, 인간 자체가 상품이 되었으며, 인간이 만든 상품이 인간을 지배하게 되어버린 자본주의사회를 묘사하면서 이러한 표현을 사용했다. 루카치는 이러한 마르크스의 개념을 더욱 확장시켜 사회의식의 전반에 적용시킨다.

루카치가 보기에 자본주의사회는 상품을 물신화시킴으로써 인간의 소외를 야기할 뿐만 아니라, 이러한 물신화의 경향이 인간의 의식에 미쳐 인간의 의식이 추상화되고, 고립되고, 수량화되고, 몰인간화되는, 즉 '사물화'되는 결과를 초래했다고 보았다. 그 영역은 자본주의사회의 전반을 포괄하며 학문의 세계 또한 예외가 아니다. 즉 학문은 세계를 총체적으로 이해하는 것을 포기하고 연관성을 상실한 개별적 분과 학문의 발달로 귀결된다. 그것은 자본주의사회가 합리화 과정을 거치면서 생겨나는 필연적인 결과였다.

그에 따라 인간은 사회를 하나의 완고한 형태로 파악하게 되며, 그때 인간이 할 수 있는 일이란 이러한 사회를 그저 바라보며(정관: Kontemplation) 노예 상태에 적응해가거나, 아니면 환상의 세계로 도피하게 된다. 이처럼 사물화는 인간과 사회를 분열시키고, 총체성을 상실하게 하며, 그에 따라 혁명 또한 멀어지게 된다.

출구:
계급의식

인간을 가두는 서구자본주의 세계의 출구는 없는가? 루카치는 노동자의 계급의식 속에서 그 출구를 찾는다. 그는 노동자 계급만이 사물화된 의식의 수준을 뛰어넘어 총체적인 의식을 획득할 수 있다고 보았다. 왜 노동자인가? 루카치가 보기에 노동자만이 자신이 사물화되어 있다는 것을 객관적으로 파악할 수 있는 위치에 있기 때문이다.

노동자는 자신의 노동을 통하여 끊임없이 인간의 질적인 가치가 양적인 수량으로 환원되고, 자신이 인간이 아닌 상품으로 취급받는 분열된 상황에 놓여 있음을 확인하게 된다. 안다는 것은 극복할 수 있는 가능성이 있다는 것이다. 반면 자본가는 자본주의사회의 사물화 현상을 이용하고 거기서 이윤을 획득하기에 사물화를 의식하지 못하고 그 속에 빠져든다. 설령 그들이 의식할 수 있다손 치더라도 그것은 그들 계급의 이익과는 상충된다. 때문에 그들은 진정으로 총체적 인식에 도달할 수 없다.

하지만 루카치는 노동자들의 의식이 자연스럽게 총제적인 인식으로 전환된다고 보지는 않았다. 단지 그들의 처지가 총체적인 인식이 이를 수 있는 '객관적 가능성'을 가질 뿐이다. 때문에 노동자는 자신이 현재 심리적, 경험적, 일상적으로 가지고 있는 **실제 의식**에서 진정한 계급적 의식인 **귀속 의식**을 가질 수 있도록 변화, 발전하여야 한다. 여기서 귀속 의식이란, '사회 전체의 구조와 발전에 관한 노동자 계급의 총체적 사회 의식'을 뜻한다. 노동자 계급이 바로 이런 의식에 귀속될 때, 그들은 진정한 혁명의 주체가 된다.

매개:
당

그렇다면 우리는 이런 질문을 던질 수 있다. 어떻게 노동자 계급은 **귀속 의식**을 갖게 되는가? 일상적 의식인 **실제 의식**과 계급적이고 총체적인 사회 의식인 귀속 의식 간의 엄청난 괴리를 어떻게 극복할 수 있을 것인가? 여기서 루카치의 조직이론이 등장한다. 그는 노동자들에게 귀속 의식을 일깨울 수 있는 것이 **공산당**이라 보았다. 그의 당론을 살펴보자.

첫째, 공산당은 노동자 계급과 이데올로기적으로 분리되어 있어야 한다. 왜냐하면 당은 귀속 의식을 최고의 수준에서 노동자 계급에게 제시해야 하기 때문이다. 노동자 계급은 자신의 경험을 통하여 점차 이 수준에 도달할 수밖에 없기 때문에, 당은 노동자 계급의 외부에서 노동자 계급에게 이 의식을 제시하고 지도하여야 한다.

둘째, 공산당은 노동자 계급과 조직적으로 분리되어 있어야 한다. 왜냐하면 당은 내적 구조에서 이미 사물화를 지양하고, 미래 사회의 모습을 미리 간직하고 있어야 하기 때문이다. 미래를 구현하는 당은 당지도부와 당원들의 전체 의지를 가장 민주적으로 모아서 규율 있고 일관되게 실천해야 한다.

하지만 공산당은 노동자 계급과 활동에 있어 동떨어져 있지는 않다. 루카치가 제시하는 공산당의 목표는 노동자의 실제 의식이 진정한 계급의식인 귀속 의식으로 변화, 발전해나가는 것을 촉진시키면서, 그들이 진정한 계급의식을 가진 세력으로 등장하여 혁명을 이룩할 수 있도록 함께하는 것이다.

리얼리즘과 모더니즘

사물화된 자본주의사회와 속류화된 마르크스주의에 대한 비판적 탐구와 혁명적 개입은 루카치의 전 생애를 거쳐 계속되었다. 그의 활동은 정치 일선에서 물러나 문학과 예술의 영역으로 자리를 옮긴 이후에도 계속되었다. 그는 리얼리즘 문학을 옹호하고, 자본주의사회의 물신화된 문학 양식인 모더니즘과 스탈린 시대의 교조화된 사회주의 리얼리즘을 비판했다.

그가 보기에 예술의 진정한 기능은 사회현상에 대한 단순한 모방도 아니며(자연주의나 표현주의), 자아의 절대적이고 허무적인 세계에 빠저 유아론에 허덕이는 것도 아닌(모더니즘), 주어진 역사의 시기의 객관적 진리를 반영하는 것이라고 보았다. 그는 이러한 관점에서 에밀 졸라, 제임스 조이스, 카프카 등의 문학작품을 비판하였으며, 괴테나 도스토예프스키 등의 문학을 칭송했다.

한편 그는 역사 속에서 등장한 문학적 성과를 타락한 것으로 거부하고 고립된 문학관을 주장하는 극단적인 스탈린 시대의 관점에 대해서도 비판했다. 그는 부르주아의 문학이라 할지라도 위대한 문학은 인간 의식을 물화시키는 것에 반대하고, 현재 상황을 극복하려 하면 사회적 총체성에 접근한다고 보았다.

비판이론의
선구자

루카치의 저술은 당대에 좌우 지식인들에게 수없이 많은 논쟁을 불러일으켰다. 그의 저술은 좌로는 정통 마르크스주의에 대한 비판이었고, 우로는 서구 자본주의에 대한 비판이었다. 그로 인해 루카치는 정치적으로 수없이 많은 곤란에 처했으며 자신의 정치적 생명을 연장시키기 위해 자아비판을 수행했다. 이러한 사실이 그가 우리에게 던진 의미를 축소시키지는 않는다.

그는 우리에게 인간소외가 단순히 경제적인 차원이 아닌 의식적인 영역에까지 확산되어 있음을 서구 자본주의를 분석해 제시했다. 뿐만 아니라 그는 이 소외의 극복이 개인적인 노력을 통해서가 아니라 계급적인 각성과 혁명적 실천을 통해서 이룩된다고 보았다. 집단의식과 실천에 대한 강조는 마르크스주의의 고유한 철학적 방법론 중 하나이다. 특히 경제 영역으로 환원되지 않는 독자적인 의식의 영역을 개척했다는 점은 서구 마르크스주의를 여는 선구적 노력이라고 볼 수 있다.

우리는 물질적 풍요 속에서도 인간소외가 심화되는 사회에 살고 있다. 이런 문제를 해결하려면 루카치가 우리에게 던진 의미가 무엇인지 곰곰이 되씹어보아야 할 것이다. 루카치의 가치는 그가 제시한 해답에 있다기보다는 그가 당대의 고민을 새로운 틀 속에서 독창적으로 해결해보려 했다는 데 있다.

그의 입장은 이후 프랑크푸르트학파에게 많은 영감과 방법론을 제시했다. 특히 총체성 개념과 사물화를 통한 인간소외의 탐구, 헤겔 변증법의 복원, 수정주의와 정통주의에 대한 비판 등은 프랑크푸르트학파를 통하여 더욱 치밀하게 적용되고 탐구된다.

프랑크푸르트학파
비판하라, 희망 없이

사회의 비판이론은
현재와 미래 사이에 다리를
놓을 수 있는 개념도 없으며,
기대를 주는 것도 성공을
보여주는 것도 아닌 채
부정적인 것으로 존재한다.

프랑크푸르트에서
시작된 물결

　　　　　　　　　　독일, 파시즘, 유태인. 이 정도 단
어만으로도 프랑크푸르트학파의 운명을 반 정도는 예상할 수 있다.
호르크하이머(M. Horkheimer), 아도르노(Th. W. Adorno), 마르쿠제(H. Mar-
cuse) 에리히 프롬(Erich Fromm) 등은 독일 프랑크푸르트 대학에서 연구
생활을 시작했다. 이들을 일컬어 '프랑크푸르트학파'라고 부르는 이
유다. 아울러 프랑크푸르트학파는 '비판이론'으로 잘 알려져 있다.

　그들은 당시 독일 상황에서 파시즘을 분석하고, 인간 해방은 무엇
으로 가능한지 연구했다. 전쟁이 나자 프랑크푸르트학파는 나치즘의
망령에서 벗어나 미국으로 망명해 저서의 대부분을 그곳에서 썼다.
하지만 그들이 미국을 예찬한 것은 아니었다. 오히려 미국을 위시한
자본주의사회를 향해 가장 예리한 칼을 준비했다.

　그들의 비판의 양날은 한편으로는 공산주의, 파시즘 사회의 관료
주의를, 다른 한날은 후기자본주의를 겨냥하고 있었다. 그들의 무기

는 마르크스주의였다. 그들은 프롤레타리아의 저력을 믿고 있었으며, 마르크스가 했던 것처럼 후기자본주의의 정치경제를 비판하는 것이 자신의 임무라고 생각했다.

이러한 생각이 오래가지는 않았다. 그들은 후기자본주의사회를 분석하면서, 인간 해방의 조건을 분석하는 데 있어 마르크스주의는 한계가 있다고 보았다. 그에 따라 새로운 분석틀을 구했고, 프로이트나 해석학 이론 등을 통해 생각을 정교화했다.

6, 70년대 서구에서 학생운동이 폭발했을 때, 프랑크푸르트학파는 학생들의 정신적 지주가 되었다. 당시 3M이라는 말이 유행이었는데, 3M이란 마르크스(Marx), 모택동(Mao) 그리고 프랑크푸르트학파의 일원이었던 마르쿠제(Marcuse)를 일컫는다.

이들이 6, 70년대 혁명 속에서 계속 영웅으로 여겨진 것은 아니었다. 아도르노의 경우는 강의 도중 학생들로부터 집단 테러를 당했고, 하버마스는 위협을 피해 다른 곳으로 피신하여 연구 활동을 해야 했다. 하지만 비판이 마비되고 반대가 없는 파시즘적인 사회에 대한 그들의 비판 정신은 오늘날에도 많은 이들에게 영감과 저항의 원천이 된다.

전통이론과 비판이론

전통이란 말은 대개 긍정적인 의

너무 재밌어서 잠 못 드는 철학 수업

미로 사용된다. 전통은 역사의 실험을 거쳐 계승된 산물이기에 권위를 갖는다. 하지만 때로 전통은 고착화되고 낡은 것을 나타내기도 한다. 프랑크푸르트학파에게 전통은 후자에 속한다. 그들에게 **전통이론**이란 무엇인가? 다음의 가상의 대화를 들어보자.

나치 장교 요즘 유태인 놈들이 너무나 많이 들어와 걱정이야. 어떻게 처리할 방법이 없을까?

나치 과학자 과학으로 이 문제를 해결할 수 있습니다.

나치 장교 과학이라니?

나치 과학자 그러니까 문제는 얼마나 신속하고 정확하게, 그리고 깨끗하게 유태인 놈들을 처리하느냐의 문제 아닙니까?

나치 장교 그렇지.

나치 과학자 미개한 유태인 놈들을 모두 한 장소에 모아놓고 옷을 벗긴 후 가스로 처리하는 것입니다. 그다음 모두 불쏘시개로 쓰면 됩니다. 악취도 처리하고 자원낭비를 줄이는 것이지요.

나치 장교 좋은 아이디어군. 얼마나 걸리겠나?

나치 과학자 이미 다 개발해놨습니다. 이제 설치 비용이 문젭니다.

물론 이 대화는 가상의 것이다. 하지만 현실에서 일어난 일도 이와 다르지 않았다. 마치 합리적이고 과학적인 결론을 내는 양하며 참혹한 학살을 저지른 것이다. 프랑크푸르트학파는 이런 야만이 인간의 이성이 점차로 '도구화', '형식화'되고 결국 이성 본연의 임무를 망각한 채 경험과 수치에만 국한된 결과라 생각했다. 실증주의가 이성의 도구화와 형식화에 기여한 대표적 이론이라 본 것이다.

프랑크푸르트학파는 실증주의가 이론의 가치중립성을 표방하고 모든 것을 경험에 의거해 인식하며, 이런 특성이 현재의 이데올로기를 의심하기 어렵게 만든다고 보았다. 한마디로 현실순응적인 **전통이론**이다. 프랑크푸르트학파는 이론은 오히려 인간의 행복이나 해방 등 가치에 대해 연구하고 고민해야 한다고 믿었다. 그러나 전통이론은 그 역할을 할 수 없으며, 그것을 비판할 때 출구를 찾을 수 있다고 보았다. 그 모색이 이른바 **비판이론**이다.

비판이론의 역사

그러면 프랑크푸르트학파의 비판이론은 어디에 자신의 이론적 젖줄을 대고 있는 것일까? '비판'이라는 말은 칸트 철학의 주요 저서의 이름이기도 하다(『순수이성비판』, 『실천이성비판』 등). 이 '비판' 개념의 역사는 칸트, 헤겔을 거쳐 마르크스로까지 이어진다.

일찍이 칸트는 인간의 이성의 한계를 규명하고, 아울러 인간 이성의 능동성을 고찰하기 위하여 '비판'이라는 용어를 사용했다. 칸트는 인간의 이성이 단지 경험의 한계 내에 있는 것이 아니라 그것을 능동적으로 구성할 수 있는 능력을 가지고 있다고 보았다.

너무 재밌어서 잠 못 드는 철학 수업

한편 헤겔은 신험적인 완결성을 가지고 있는 칸트의 이성 개념을 역사적이고 진보적인 과정 속에서 완성되어 가는 것으로 보아 변증법을 주장했다. 인간 이성이 완성되는 길에는 반드시 현재의 이성에 대한 부정(반성)이 따르기 마련이다. 마지막으로 마르크스의 유물론을 만나며 헤겔의 관념적인 변증법은 현실의 기초 위에 그 지반을 갖게 되었다.

프랑크푸르트학파의 '비판'은 바로 이러한 독일 비판 철학의 전통 위에서 다시 재구성된 것이라 볼 수 있다. 하지만 이들의 비판이론은 칸트나 헤겔, 마르크스와는 달리 전체적인 진리를 규명하는 것을 자신의 과제로 삼지 않고, 현실의 모순을 폭로하고 비판하는 끊임없는 작업으로 여겼다.

헤겔에게 "진리는 전체적"인 것이지만, 호르크하이머가 보기에 "전체는 비진리"이며, 헤겔이 "부정의 부정을 통한 종합"을 꾀했다면, 아도르노는 "끊임없는 부정"만이 비판이론의 역할이라 보았다. 아울러 그들은 마르크스의 경제적 결정론에 따른 혁명 프로그램을 부정하고, 노동자 계급의 전위적 역할에 대하여 의심했다. 미국 등의 선진국의 사례를 보면 경제가 발전해도 혁명적 과정으로 이행하지 않았을 뿐만 아니라, 경제적 수혜를 입은 노동자 계급은 혁명의 전위적 역할을 하기는커녕 더욱더 현실순응적으로 변모했기 때문이었다.

계몽의
변증법

　　　　　　　호르크하이머와 아도르노는『계몽
의 변증법』(1948)이라는 저서를 통하여 현대사회를 통렬히 비판한다.
책의 제목은 역설적이다. 근대는 이성의 빛을 통하여 신화에서 계몽
으로 전진해왔다. 하지만 현대는 계몽이 낳은 산물이 오히려 인간 사
회를 억압하는 도구로 전락한 사회이다. 이제 "계몽은 신화로 뒤집혔
다." 이처럼 근대의 계몽이 현대에 와서 오히려 야만으로 전락하는 모
습을 **계몽의 변증법**이라 칭했다.

　이들은 이 계몽의 변증법 개념을 통하여 현대사회의 제반 현상들,
즉 도구적 합리화, 과학과 기술의 실증주의적 타락, 문화산업이 낳은
퇴폐 현상과 몽매화, 자본주의와 사회주의의 전체주의적 지배와 관
료화 등에 대하여 철학적 비판을 수행했다. 두 저자는 고전적인 사회
주의 혁명에 대해서도 비판적인 입장에 섰다. 그들이 보기에는 사회
주의 국가 역시 이 계몽의 변증법에서 한 치도 벗어나지 않았기 때문
이다.

　그들의 비판은 강력한 호소력을 갖고 있었지만 그만큼 현실적 희
망을 찾는 데에는 무력할 수밖에 없었다. 그들에 따르면 이제 현대사
회에서 진보의 가능성은 없어진 듯 보인다. 초기 프랑크푸르트학파에
대한 비판의 대부분은 바로 이 지점에 초점이 맞춰진다.

부정의
변증법

초기 프랑크푸르트학파의 인식방법의 특징을 알기 위해서는 아도르노의 **부정의 변증법**에 주목할 필요가 있다. '변증법'이라는 용어에서 헤겔의 영향력을 볼 수 있지만 그 앞의 '부정'이라는 표현은 헤겔에 대한 반발이기도 하다.

헤겔 변증법의 경우 변증법의 도식적 형태는 정(正)-반(反)-합(合)의 삼각형 구도를 가지고 있다. 이 도식의 특징은 정/반이 항상 합을 전제로 한다는 것이다. 아도르노는 이러한 삼각형 도식이 주관과 객관, 존재와 사유 등의 차이를 해소하고 통합하려는 총체론적 관점이라고 비판하면서, 합을 생략한 '부정의 변증법'을 주장했다. 헤겔의 변증법을 긍정의 변증법이라 할 수 있다면, 이와 대조적으로 아도르노의 변증법은 부정의 변증법인 셈이다.

그에 따라 아도르노는 주관과 객관의 차이, 이론과 실천의 차이를 그대로 인정하고 이론의 자율성을 말하는 한편 이러한 차이점들을 통합하려는 모든 시도는 결국 전체주의적 상태에 도달할 수밖에 없다고 주장했다. 하지만 이러한 주장에는 난점이 따른다. 무엇을 지향해야 할지 불분명하기 때문이다. 이러한 한계를 해소하기 위해 아도르노가 택한 지향점은 심미적 예술의 세계였다. (이 지점에서 하이데거를 연상시킨다.)

"존재하는 것과 존재하지 않는 것의 공동 구성으로 이루어진 것이 예술의 유토피아적인 모습이다"라는 아도르노의 선언은 비참하고 대안 없는 사회 현실에 대한 나름대로의 유토피아적 대안이었다.

일차원적
인간

한편 마르쿠제는 『일차원적 인간』
(1964)이라는 저서를 통하여 현대사회의 모순을 통렬히 비판했다. 마르쿠제가 보기에는 현대사회는 **테크놀로지적 이성**이 지배하는 통제사회이며, 국민들은 기만적인 자기만족에 심취한 채 살아가는 사회이다. 여기에는 당시의 미국 사회뿐만 아니라 소련 사회도 포함된다. 양자 모두 고도로 발달한 산업사회의 기술에 의하여 통제되는 사회이기 때문이다.

이러한 사회를 일컬어 마르쿠제는 **일차원적 사회**라고 했고, 그 속에서 아무런 비판 없이 살고 있는 사람들이 바로 '일차원적 인간'인 것이다.

마르쿠제의 분석은 풍요를 구가하던 서구 사회에 대한 예리한 비판이다. 산업화는 물질적 풍요를 낳고, 물직적 풍요를 경험한 노동자들은 재화를 소유하고 소비하는 데 젖어들었다. 결국 노동자들은 운동의 동력을 잃어 비판 기능을 상실했으며, 그에 따라 계급의식이나 이데올로기 또한 종말을 고했다. 이처럼 고도의 테크놀로지로 조정되는 사회는 창조와 파괴의 이중성을 지닌다. 풍요를 창조한 반면, 인간의 특징인 비판적인 이성은 파괴된다. 이제 어떻게 할 것인가?

에로스와
타나토스

마르쿠제는『에로스와 문명』(1966)
이라는 저서에서 프로이트의 정신분석학 용어인 에로스(Eros)와 타나
토스(Thanatos)를 빌어 현대사회를 분석하고, 대안을 모색한다. 프로이
트에 따르면, '에로스'는 삶의 본능, 성 본능이며, '타나토스'는 죽음의
본능, 파괴의 본능이다. 프로이트는 성 본능과 파괴 본능이 억압될 때
에만 인간은 자연을 정복하고 문명이 탄생시킬 수 있다고 보았다. 따
라서 문명사회는 바로 이 본능의 억압을 전제로 한 것이다.

마르쿠제는 이러한 프로이트의 관점을 비판적으로 재구성하여 현
대사회에 적용시킨다. 마르쿠제는 프로이트의 관점이 기본적으로 옳
지만 억압의 순기능을 강조함으로써 문명을 합리화시키고 있다는 점
에서는 보수적이라고 보았다. 마르쿠제가 보기에 현대사회는 인간의
본능을 필요 이상으로 과잉 억압하고 있으며 이는 절대로 합리화될
수 없기 때문이다.

그렇다면 왜 현대사회는 인간의 본능을 과잉 억압할 수밖에 없는
가? 그것은 물질적 풍요로 인한 잉여 에너지가 넘쳐나기 때문이다.
이처럼 에너지가 넘치게 되면 자칫 정치적인 에너지로 전화하여 기
존의 체제를 전복할 위험성이 생긴다. 그에 따라 이 잉여 에너지를 체
제 안으로 흡수시킬 수 있는 방안을 강구하게 되는데, 그것이 바로 향
락적이고 퇴폐적인 문화산업이다.

그리하여 현대사회에서 인간은 자신의 잉여 에너지를 창조적으로

승화시키지 못하고 오히려 퇴폐적으로 소비함으로써 역승화한다. 그 결과가 바로 일차원적 사회이며, 일차원적인 인간인 것이다.

마르쿠제는 과잉 억압된 현대사회에서 잉여 에너지를 해방시키는 것이 중요하며, 그러한 주체로 기존의 노동자 계급이 아닌 아직 체제 내로 편입되지 않은 학생과 지식인, 이방인(흑인, 국외자)등을 꼽았다.

비판하라,
희망없이

전쟁의 혼란, 파시즘의 등장, 스탈 린 통치하의 사회주의 국가에 대한 실망, 후기자본주의사회의 풍요 속에서 노동자들의 개량화와 보수화를 경험한 이들에게 새로운 대안 을 제시하라고 말하는 것은 어쩌면 무리한 일일지도 모른다. 그들은 기존의 이론들을 철저히 비판하였으며, 체계화에 앞서 파괴와 거부를 자신의 임무로 삼았다. 프랑크푸르트학파에게 이 거부는 이상적인 미 래를 구상하기에 앞서 선행되어야만 하는 작업이었다. 그들의 주장에 서 핑크빛 미래를 발견할 수 없다할지라도 기존 체제에 도전장을 내 민 그들의 **위대한 거부** 정신과 투쟁 의식만은 기억해두자. 마르쿠제 의 글을 되새기며 이 장을 맺는다.

사회의 비판이론은 현재와 미래 사이에 다리를 놓을 수 있는 개념도 없으며, 기대를 주는 것도 성공을 보여주는 것도 아닌 채 부정적인 것

너무 재밌어서 잠 못 드는 철학 수업

으로 존재한다. 그리하여 그것은 희망없이 **위대한 거부**(Great Refusal)에 자기 생명을 바쳤고, 또 바치고 있는 사람들에게 충성을 바칠 것을 원한다.

우리의 과제는 인류가 현재의 무시무시한 사건들에 의해 완전히 낙심하지 않게 하기 위해서, 그리고 어떤 가치 있고, 평화스럽고, 행복한 사회의 발전 방향에 대한 인간의 믿음이 이 땅에 소멸되지 않게 하기 위해서 지속적으로 투쟁하는 일이다.

정신분석학을 대중에게 해설하다
에리히 프롬(Erich Fromm)

위에서는 다루고 있지 않지만, 우리에게는 『사랑의 기술』(1956)로 너무도 유명한 에리히 프롬은 1900년 독일 프랑크푸르트에서 태어났다. 1918년 프랑크푸르트 대학교 법철학과에 입학했으나, 이내 1919년 하이델베르크 대학교으로 옮겨 사회학을 전공하여 4년 만에 사회학 박사가 된다. 졸업 후 프리다 라이히만의 정신분석 치료소에서 정신분석학을 연구했다. 1930년 프랑크푸르트 학파의 본산인 프랑크푸르트 사회연구소에 들어가 자신의 정신분석학 이론을 정립했다.

나치가 독일을 장악하게 되자 유태인이었던 프롬은 스위스를 거쳐 1934년 미국 뉴욕의 컬럼비아 대학교로 자리를 옮겼다. 1941년에 쓴 『자유로부터의 도피』는 정치심리학의 선구적인 저서로 파시즘의 심리적 기원을 밝히고, 민주주의 사회의 전망을 모색한다. 그는 이 저술에서 신경증이나 사디즘, 마조히즘 등은 인간성의 파탄이라고 주장했다. 컬럼비아 대학교 이후 에리히 프롬은 1943년부터 워싱턴 정신분석 학교에서, 1946년부터는 윌리엄 앨런슨 화이트 연구소에서 심리학자이자 정신분석학자, 정신과 의사로서 재직했다. 1950년 멕시코 국립자치대학교에서 정신분석학과 의과 대학의 교수로 재직하였고 1965년 은퇴했다. 1956년에 쓴 『사랑의 기술』은 세계적인 베스트셀러가 되면서 그를 일약 스타로 만들었다. 1974년 스위스 무랄토로 이주했으며 사망하기 4년 전에는 『소유냐 존재냐』(1976)를 써서 다시 한번 그의 존재를 각인시켰다. 1980년 자택에서 별세했다.

프롬은 정신분석학을 기초로 하여 사회학을 전개했으며, 마르크스주의에 깊이 매료되어 『에리히 프롬, 마르크스를 말하다』를 쓰기도 했다. 깊이 있는 지식을 대중들이 이해하기 쉬운 언어로 쓴 그의 업적은 현대지성사에 한 획을 그었다.

하버마스
모더니즘은 지속된다

생활세계와 체계 사이의
전선은 오늘날의 세계에서
새로운 의미를 획득한다.

의사소통행위의 이론가:
하버마스

위르겐 하버마스(Jurgen Habermas)는 1929년 6월 독일 뒤셀로르프에서 태어났다. 그의 가정은 비교적 유복한 편이었다. 파시즘 치하에서 어린 시절을 보낸 그는 나치 소년단의 일원이기도 했다. 하지만 전쟁이 끝나고 나치가 전범 재판에 회부되고, 그들이 유태인들을 강제수용소에서 학살했다는 소식을 접하고 커다란 충격에 빠졌다. 이후 그는 현실 정치에 대한 실망을 극복하기 위하여 좌파로 기운다. 대학 시절 비판이론의 창시자인 호르크하이머와 아도르노 등의 저작을 읽으면서 매료되어 1956년 아도르노의 조교로 일하며 본격적으로 학문을 쌓았다. 하이델베르크 대학을 거쳐 1964년 프랑크푸르트 대학에서 교수로 임용되었다.

그는 선임 프랑크푸르트학파의 일원과 마찬가지로 실증주의에 대한 비판을 지속적으로 수행하면서 비판이론을 계승한다. 하지만 선임 비판이론가들이 현대사회에 대해 비관적인 견해를 피력한 것에 그친

데 비해, 하버마스의 비판이론은 현대사회의 진보적 측면을 인정하면서 그 한계를 종합·극복하려는 연구와 노력을 계속한다.

1960년대 말 학생운동의 이론적 대변자로 추앙받기도 하지만, 이내 급진파 학생운동에 밀려 프랑크푸르트 대학에서 막스 플랑크 연구소로 적을 옮겨야 했다. 1983년 프랑크푸르트 대학으로 돌아온 그는 96년 은퇴했으나 아직도 비판이론의 정교화를 위해 노력하면서 저술 활동을 계속하고 있다.

주요 저작으로는 『이론과 실천』(1963), 『인식과 관심』(1968), 『후기 자본주의의 정당성 문제』(1973), 『역사적 유물론의 재구성』(1976), 『의사소통행위 이론 1, 2』(1981), 『현대에 대한 철학적 논의』(1985) 등이 있다.

모던:
미완의 기획

우리는 앞에서 호르크하이머, 아도르노, 마르쿠제 등의 프랑크푸르트학파 성원들이 현대사회를 '계몽이 신화로 전락한' 사회로 평가하는 것을 보았다. 호르크하이머와 아도르노의 공저 『계몽의 변증법』은 계몽주의의 변질을 고발하였고, 마르쿠제의 『일차원적 인간』은 테크놀로지적 이성(도구적 이성)이 지배하는 현대사회를 묘사했다. 그들의 평가에 따르면 현대사회를 극복할 수 있는 진보적인 대안은 없어 보인다. 그렇다면 과연 계몽은 끝난 것인가? 이성은 기능을 상실한 것인가?

프랑크푸르트학파 2세대의 대표 주자에 속하는 하버마스에 따르면, 결코 아니다. 1980년 하버마스가 아도르노 상을 수상했을 때 수여식에서 한 기념연설 「모던: 미완의 기획」을 통하여 그는 모던의 지속필요성을 피력했다. 제목만으로도 알 수 있듯이 그에게 모던은 종결되거나 부정되어야 할 것이 아니라 계속해서 추구해나가야 할 정신이다.

연설에서 하버마스는 '모던'에 대하여 부정하는 '포스트모더니즘'의 시도를 비판했다. 그는 묻는다.

포스트모더니스트들이 주장하는 것과 같이 현대성(Modernity)은 이미 지나간 것인가? 아니면 다양한 목소리로 외쳐대고 있는 포스트모더니즘 자체가 가짜에 불과한 것인가?

포스트모더니즘을 지지하는 철학자들은 모던의 기획은 실패했으며, 부정해야 한다고 주장한다. 모든 것을 단일한 원리로 이해하려던 모던의 기획은 분화되고 다양화된 것을 억지로 통합하려는 파시즘적 의도에 불과하다고 여긴다. 하지만 하버마스의 견해는 다르다.

그 역시 현대사회의 세계관은 분열되었음을 인정한다. 과학, 도덕, 예술의 영역은 분화되었으며 제각기 나름대로 발전하여 고유의 법칙성을 갖게 되었다. 이러한 분화는 현대가 나름대로 합리화 과정을 거치면서 갖게 된 진보적 측면이다. 하지만 분화가 심화되면 대중과도 멀어지며 그 결과 대중들이 살고 있는 **생활세계**는 점점 더 빈곤해질 수 있다. 하버마스는 이러한 지적을 바탕으로 **모던의 기획**의 의미를 찾는다. 그렇다면 과연 모던의 기획은 무엇인가?

하버마스는 모던의 기획이 각 학문을 틀에 넣어 연구하고 정리하는 대신 자유롭게 깊이 연구하고 그 깨달음이 일상의 영역에서 실천되는 것이라 보았다. 아래 인용문을 보자.

> 18세기에 계몽주의 철학자들에 의해 서술된 모던의 기획은 다음과 같다. 즉 객관적 과학, 도덕과 법의 보편주의적 토대, 자율적 예술을 각각의 고유한 내면적 의미에 따라 발전시키고, 동시에 그렇게 축적된 인지적 잠재력을 그 폐쇄적 형태로부터 해방시켜 실천 즉 생활 관계의 이성적 구성을 위해 사용하는 것이 모던의 기획이다.

보수주의
비판

아울러 하버마스는 이러한 모던의 기획을 비판하는 조류를 보수주의로 규정한다. 보수주의자들은 이전에 모던의 기획이 겪은 실태를 근거로 그 자체를 부정해 결국 현대의 모순을 비판하고 지양하려는 일련의 노력에서 뇌관을 제거해버린다. 그런 의미에서 그들은 보수주의자인 셈이다.

하버마스는 이 보수주의자들을 세 부류로 나누어 구별한다. 청년

너무 재밌어서 잠 못 드는 철학 수업

보수주의자(반 현대주의), 노장 보수주의자(전 현대주의), 신보수주의자(탈 현대주의)가 그들이다.

첫째, 청년 보수주의자들은 니체의 정신에 영향을 받아 신비주의적, 시적 수단을 통하여 현대 세계를 탈출한다. 그들의 동력은 '권력의 의지'이거나 시적인 것의 '디오니소스적 힘'이다. 하버마스는 대표적인 인물로 푸코와 데리다를 꼽는다.

둘째, 노장 보수주의자들은 모던의 기획을 의심의 눈초리로 쳐다보고 그것이 이룩해낸 절차적 합리성을 불신한다. 그들의 주장은 현대 이전으로 돌아가는 것이다. 하버마스는 생태학적 문제점을 들어 우주적 윤리관을 세우고자 했던 일련의 사람들을 꼽는다.

마지막으로 신보수주의자들은 현대가 이룩해놓은 성과에 대해서는 긍정적인 태도를 취하지만, 과학과 생활세계의 연관성, 정치와 도덕적·실천적 정당화의 연관성, 예술의 유토피아적 성격을 부정하고 과학, 도덕, 예술의 철저한 분리를 주장한다. 리오타르가 이에 속한다.

포스트모더니즘의 기수
장-프랑수아 리오타르(Jean-François Lyotard)

하버마스가 리오타르를 신보수주의자라고 비판하자, 리오타르는 『포스트모던적 조건』(1979)을 통해 하버마스를 전면적으로 비판했다. 모던과 포스트모던 논쟁의 시작을 알리는 신호였다.
그는 하버마스의 의사소통이론에 맞서 불일치의 활성화를 주장했다. "포스트모

던적 과학은 알려진 것이 아닌 알려지지 않은 것을 생산한다. 그리고 포스트모던적 과학은 하나의 정당화 모델을 제시하고 있는 바, 이것은 최상 수행의 모델이 아니라, 불일치(paralogie)로 이해된 차이(differend)의 모델이다."

포스트모더니즘의 대표적인 지식인인 장-프랑수아 리오타르(Jean-François Lyotard)는 1924년 프랑스 베르사이유에서 태어났다. 그는 소르본 대학에서 철학과 문학을 전공하였으며 일찍이 노조활동에 참여하는 등 정치에 깊이 연루되어 있었다. 알제리 전쟁 당시에도 알제리에서 교사로 근무하며 일련의 정치적 행동에 참여했다.

이후 '사회주의냐 야만이냐' 그룹에 가입하여 좌익 잡지에 논문을 발표하고 반전운동 등을 전개했다. 1964년에는 잡지 『노동자의 권력』을 중심으로 새로운 조직을 결성하여 활약하지만 66년에 이 조직을 탈퇴하고, 이후 이론적인 연구를 수행한다. 68년에는 프랑스 학생운동시위에 참여하여 정치적 반대파로 활동했다. 1970년에는 뱅센느 대학의 철학 교수직으로 임명되었고 파리 제8대학의 교수직을 역임했다.

그는 초창기에 니체와 마르크스에 심취했고, 후에 프로이트를 연구하면서 이들을 비판적으로 재검토하여 자신의 철학적 토대를 구축했다. 이후 욕망을 주제로 한 일련의 연구 및 포스트모던이란 용어를 철학적으로 활용함으로써 포스트모던 철학의 선구자가 된다. 그와 하버마스 간의 논쟁은 리오타르를 일약 스타로 만들면서 학계에 자극을 준다. 그의 연구 영역은 철학뿐만 아니라 정치·경제·미학 등 다방면에 펼쳐져 있다. 그는 자크 데리다, 질 들뢰즈 등과 함께 세계 철학 대학의 공동 창립자이기도 했다.

저서로는 『마르크스와 프로이트로부터 표류』(1973), 『충동적 장치들』(1973), 『리

너무 재밌어서 잠 못 드는 철학 수업

비도 경제학』(1974), 『포스트모던적 조건』(1979), 『분쟁』(1983), 『지식인의 종언』
(1984), 『어린이를 위한 포스트모던』(1984) 등이 있다.

자연 상태를
바라보는 입장

하버마스가 바라보는 현대사회를
살펴보자. 그의 관점을 이해하려면 하버마스의 자연 상태에 대한 입
장을 파악해야 한다. 원래의 인간은 어떠했을까? 원래의 사회는 어떠
했을까? 이런 질문에 어떤 입장을 취하느냐에 따라 한 사회나 인간에
대한 진단 역시 판이하게 달라질 수밖에 없다.

예를 들어 인간을 진단하는 데 있어서도 성선설(性善說)의 입장과
성악설(性惡說)의 입장은 그 진단의 양상이 매우 다르다. 성선설의 경
우, 인간은 선하게 태어났다는 생각에 입각하여 이 선한 인간성을 어
떻게 하면 보존할 것인가가 문제가 된다. 그러니 인위적인 교육이나
제도 등은 인간성 보존에 부정적인 영향을 미친다. 한편 성악설의 경
우, 인간은 악하게 태어났기 때문에 어떻게 하면 이러한 인간성을 개
조하는가가 문제가 된다. 여기서는 교육과 제도가 중요한 역할을 담
당한다.

사회를 진단하는 데 있어서도 마찬가지이다. 근대 철학자 홉스는
사회를 "만인에 대한 만인의 투쟁상태"로 보았지만, 로크는 "자유롭고

평등한 상태"로 보았다. 따라서 이 두 철학자들은 상이한 결론에 도달하게 된다. 홉스는 야만적인 사회 상태를 평정하기 위하여 강력한 권력을 원했고, 로크는 원래의 사회 상태를 온전히 보전할 수 있는 민중 주권의 민주 권력을 원했다.

생활세계와 체계

하버마스는 원래의 사회를 어떠한 상태로 보았을까? 그는 **생활세계**(Lebenswelt)라는 개념을 통하여 사회를 설명한다. 생활세계라는 용어는 후설의 사상에서 먼저 발견된다. 후설의 '생활세계'는 인식 이전의 세계이며, 직접적인 체험의 세계이고, 다양한 개인들이 상호 교섭하는 삶의 세계이다. 하버마스는 후설의 현상학적 용어를 차용하여 사회학적으로 확대시킨다. 하버마스의 생활세계는 분화 이전의 세계일뿐만 아니라 비판적인 성찰이 가능한 일상적인 실천의 세계이기도 하다.

로크적으로 말하면 자유롭고 평등한 세계인 생활세계는 문화와 사회, 인격이 통일되어 있는 세계이자, 비판적인 성찰이 자유로운 의사소통을 통하여 이루어지는 세계이다. 하지만 로크가 사회계약설에 따라 권력을 상정할 수밖에 없었듯이, 하버마스도 근대화 과정을 통한 생활세계의 분화를 당연한 것으로 여긴다.

이러한 분화과정을 거쳐 생활세계는 **체계**(System)를 형성한다. 여

너무 재밌어서 잠 못 드는 철학 수업

기서 체계는 한 사회의 조정 능력을 대변하는 구조이며, 효율성의 원칙에 의해 지배된다. 대표적인 분야가 경제와 행정이다. 그런데 체계는 효율성의 원칙을 그 특징으로 하기 때문에 비판적인 성찰보다는 도구적 합리화 과정으로 경도된다. 그에 따라 '생활세계'에서 생겨난 '체계'가 생활세계에서 점점 분리되어 점차 거대하고 복잡해진다.

생활세계의 식민화

이러한 과정은 마치 새끼 살모사가 자신이 태어난 어미 살모사를 잡아먹으면서 성장하듯이, 생활세계를 효율적으로 운영하기 위하여 분화된 체계가 오히려 생활세계를 지배하는 결과를 초래한다. 하버마스는 이러한 현상을 **생활세계의 식민화**(die Kolonialisierung der Lebenswelt)라고 표현했다.

이제 사태는 역전된다. 생활세계에서 태어난 체계는 자체로 자족적이고 지배적인 양상을 띤다. 그리고 더욱 복잡해지고 거대해지며 생활세계를 자신의 영역에 가두려고 한다. 하버마스는 이러한 일련의 과정, 즉 체계의 도구적 합리화 성향이 생활세계를 침범하면서 자유롭고 성찰적인 의사소통 구조를 왜곡시키는 과정이 바로 현대사회의 문제라고 지적한다.

일련의 과정을 그림으로 다시 한번 정리하자.

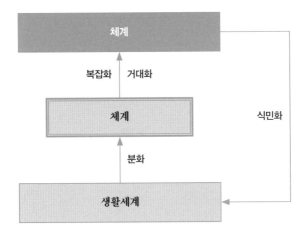

이상의 진단만으로는 프랑크푸르트학파 1세대와 별반 차이가 없는 듯한 인상을 남긴다. 1세대 역시 현대사회가 도구적 합리화에 의하여 지배당함으로써 원래의 계몽 정신이 신화로 변하고 이성은 부식당했으며(호르크하이머, 아도르노), 사회는 1차원적으로 전락했다고 고발했다(마르쿠제). 이러한 1세대의 진단은 '생활세계의 식민화'라는 하버마스의 진단과 상통한다고 볼 수 있다.

인식과 관심

하지만 하버마스는 한 걸음 더 나간다. 1세대들이 현대사회의 분화에 대하여 부정적인 시각을 가졌던 반면, 하버마스는 이러한 분화의 필연성을 인정한다. 대신 그는 이렇게 분화된 영역을 어떻게 통합할 수 있을까 고민한다. 『인식과 관심』
(1965)은 바로 그 고민의 산물이다.

하버마스는 인간의 삶과 연관된 지식의 형태와 그 지식 간의 관계
를 규명하기 위하여 **관심**(Intresse)이라는 개념을 도입한다. 즉 지식은
모두 '무엇에 대한', '무엇을 위한' 관심에서 비롯된다는 말이다. 인간
이 갖는 다양한 관심은 여러 방면으로 확산되는데, 하버마스는 그 영
역을 다음의 세 가지로 구분했다.

첫째, 자연을 조절·지배하려는 기술적 관심, 둘째는 인간 사이의
일상적인 삶을 이해하고 해석하려는 실천적 관심, 마지막으로 왜곡된
의사소통과 억압적인 권력으로부터 벗어나려는 해방적 관심이다.

이러한 관심은 각기 학문 분야를 형성하는데, 기술적 관심은 실증
주의적 과학을, 실천적 관심은 역사·해석학적 지식을 탐구하는 학문
을, 해방적 관심은 비판이론을 낳는다. 그러나 기술적 관심의 자연을
조절하고 지배하려는 시도는 일방적이고 도구적으로 흐를 수 있으며
인간의 일상을 해석하려는 실천적 관심 또한 현실 합리화와 왜곡을
낳을 수 있다. 때문에 비판이론을 통한 성찰은 반드시 필요하다.

인간과의 관계	관심	인식	과학
자연	기술적 관심	기술적 인식	실증주의적 과학
역사	실천적 관심	실천적 인식	역사·해석학적 정신과학
지배 체제	해방적 관심	해방적 인식	비판이론

하버마스는 실증주의적 과학과 역사 해석학을 수용하되 자칫하면 일방적이거나 현실을 왜곡하는 방향으로 흐를 수 있는 위험을 비판이론을 통하여 극복하려 했다. 한편 하버마스는 인간의 소외에 관심을 가졌던 마르크스주의가 인간의 관심을 노동을 중심으로 한 생산력과 생산관계의 차원에 국한시킴으로써 진정한 해방의 가능성을 모색하는 데 실패했다고 평가한다. 하버마스에게는 노동(토대)의 변화뿐만 아니라 자유로운 의사소통을 방해하고 왜곡하는 이데올로기(상부구조)의 변화 역시 중요한 것이었다.

도구:
언어적 선회

하버마스는 '생활세계'와 '체계'의 분화라는 관점에서 현대사회를 조망하고, 그렇게 분화되는 과정을 인식과 관심의 차이를 통하여 추적하면서, '해방적 관심'인 비판이론을 통하여 비판과 자기 성찰의 가능성을 모색했다.

하버마스는 현대로 오면서 이성은 분화 과정을 겪고 그렇게 분화된 각각의 영역은 독자적 합리화 과정을 거친다고 생각했다. (이러한 생각의 원형은 철학적으로는 칸트이고 사회학적으로는 막스 베버다.) 분화에 따라 발생한 영역이 '인지·도구적 영역', '규범·도덕적 영역', '표현·미학적 영역'이며, 각각 객관적, 사회적, 주관적 세계에 조응한다. 또한 이 세계들은 진리타당성, 규범적 정당성, 진실성 주장을 자기 영역의 효

　너무 재밌어서 잠 못 드는 철학 수업

력을 발생시키는 고유한 논리로 삼는다.

이러한 발전 양상은 그 자체만으로 보면 문제될 것이 없다. 문제는 이 영역 중 하나가 자신의 지위를 특권화하고 나머지 영역을 자신의 논리에 맞추려고 했다는 데 있다. 이를 하버마스는 합리화 과정에 따른 생활세계와 체계의 분화, 더 나아가 체계에 의한 생활세계의 식민화라고 표현했다. (여기까지가 비판이론 1세대들이 공유할 수 있는 지점이다.)

하버마스는 생활세계의 식민화로부터 벗어나서 생활세계를 활성화시키고, 체계의 특권을 경계하면서 조화를 이루는 데 대안이 있다고 보았다. 여기서 하버마스는 데카르트부터 분명해졌던 인간의 의식을 중심으로 세계를 해석하는 의식 철학의 틀을 버리고 일상어를 관찰하고 분석해 사고를 자유롭게 하고자 하는 언어철학의 틀을 채택한다. 왜냐하면 주체 중심의 의식 철학은 자기완결적 사고방식을 특징으로 하고 있으며 그런 의미에서 상호 소통하는 개방성은 제외되기 때문이다. **언어적 선회**를 통한 대안의 창출이라 할 수 있다.

> 종합의 합리적 핵심은 우리가 의식 철학의 틀(패러다임), 즉 객체를 표상하고 객체를 가공하는 데 자신을 소진하는 주체의 틀을 버리고 언어철학의 틀, 즉 상호주관적 이해 혹은 의사소통의 틀로 이행할 때에만, 그리고 인지·도구적 합리성을 더욱 포괄적인 의사소통적 합리성의 한 부분으로서 적절하게 자리매김할 때 드러날 수 있다.

관점 :
보편화용론

하버마스가 언어적 선회를 했다고 했을 때의 언어는 명제의 진위를 따지는 논리학이나 분석철학이 아니라, 언어의 쓰임새, 즉 맥락 속에서의 언어이다. 하버마스는 인간의 언어 행위 속에는 자유, 정의, 진리 등의 이념이 암묵적으로 전제되어 있으며, 이러한 전제는 모든 언어 상황에 보편적으로 적용된다는 **보편화용론**(Universalpragmatik)을 주장했다.

존 오스틴이 창시한 언어행위이론에 따르면, 언어행위는 언표적 측면뿐만 아니라 비언표적 측면을 갖고 있다. 예를 들어 칼을 만지려는 아이에게 어머니가 다급하게 "칼!"이라고 말하자 아이가 놀라면서 뒤로 물러섰다고 치자. 어머니가 "칼!"이라고 말함으로써 어린이는 자신의 행위를 중지하게 된다. 바로 이러한 측면이 언어 행위의 **비언표적 힘**(illocutionary force)이다.

그렇다면 이러한 비언표적 힘의 근거는 무엇인가? 하버마스는 이를 '듣는 사람이 말하는 사람에게 갖는 이성적인 신뢰'라고 보았다. 그러니까 아이는 어머니의 말을 신뢰하여 행위를 중단했다는 것이다. 하버마스는 사회적 존재인 인간은 언어행위(의사소통행위)를 할 수밖에 없으며, 그때의 의사소통행위는 서로의 주장에 대하여 자유롭게 공정하게 검증할 수 있다는 신뢰가 전제된다고 보았다.

잣대 :
이상적 담화상황

과학자가 하나의 공식을 만들어내기 위해서는 과학적 실험에 오차를 발생하게 하는 주변의 변수를 제거해야 한다. 철학자에게는 추상화 과정이 이와 같은 역할을 한다. 추상화 과정의 목표는 하나의 잣대를 가지려는 것이다. 이러한 잣대가 형성되면 현실은 그 잣대에 의하여 역으로 규정되고 해석된다.

하버마스는 억압과 왜곡으로부터 자유로운 의사소통의 상황을 추상한다. 이를 하버마스는 **이상적 담화상황**(die ideale Sprechsituation)이라 부른다. 이 같은 이상적 담화상황에서는 모든 주체는 담론에 참여할 수 있으며, 모두가 어떤 주장이든 반박할 수 있고 또 새로운 주장을 소개할 수 있다. 자신의 욕망이나 욕구 또한 망설이지 않고 표현해도 된다. 물론 이런 조건은 현실에서 좀처럼 충족되지 않는다. 그러나 의사소통행위에 대해서 생각해보기 위해 반드시 전제되어야 하는 '피할 수 없는 허구'라 볼 수 있다.

하지만 하버마스는 이상적 담화상황의 설정이 자의적이거나 강제적인 것이 아니라 우리의 언어 구조 속에 본질적으로 담겨 있는 지향성이라고 주장한다. 왜냐하면 이러한 본질에 대한 신뢰가 없이는 의사소통 자체가 불가능하기 때문이다. 따라서 이상적 담화상황은, 우리의 의사소통이 왜곡되었다고 하더라도, 소통을 포기하지 않고 교정해 이어나가기 위한 하나의 잣대(기준)가 된다.

의사소통행위이론

보편화용론을 통하여 관점을, 이상적 담화상황을 통하여 잣대를 얻었다면, 이제 관점과 잣대가 구체적인 현실에서 어떻게 적용되는지 알아볼 차례다. 먼저 앞에서 언급했던 분화된 이성의 영역을 도표로 보자.

영역	세계	주장 논리	행위
도구·인지적 영역	객관적 세계	진리타당성	목적론적 행위
규범·도덕적 영역	사회적 세계	규범적 정당성	규범적 행위
표현·미학적 영역	주관적 세계	진실성	표현적 행위

문제가 되는 것은 현실 세계(객관·사회·주관적 세계)에서 각각의 세계가 자신의 행위를 정당화하기 위하여 언어를 일면적으로 사용하고 있다는 점이다. 즉 언어를 "선택적으로 축소하고 왜곡"했다는 점이다. 세계화라는 목적하에 대기업 위주의 정책을 펼침으로써 중소기업들의 연쇄적인 도산을 유발시키는 행위라든지, 집권 세력의 정당성을 위해 왜곡된 역사 해석을 조장하는 행위라든지, 시대에도 맞지 않은 규범이나 제도를 유지하는 것 등은 오늘날 우리가 살고 있는 세계 속에서도 얼마든지 경험하고 있는 사례들이다.

이러한 언어의 일면적인 사용은 각각의 측면에서 합리적인 것이라 볼 수 있지만, 그러한 합리성은 전체적으로 볼 때는 "합리성의 부족"

너무 재밌어서 잠 못 드는 철학 수업

을 야기한다. 여기서 **의사소통행위이론**이 중요하다. 하버마스의 이야기를 들어보자.

오직 의사소통적 행위만이 언어를 제약되지 않은 상호작용의 매체로 간주한다. 그 결과 이해된 생활세계를 기반으로 해서 대화의 참여자들이 객관적·사회적·주관적 세계의 대상 모두를 동시적으로 취급해서 상황에 대한 공동 이해에 도달할 수 있게 된다.

여기서 주의할 것은 하버마스가 주장하는 의사소통적 행위를 통한 공동 이해의 도달이, 각각의 세계를 초월하여 존재하는 언어로써가 아닌, 각각의 세계 내에 내재된 언어를 상호 소통하여 상호 타당성을 주장하고 검증하는 과정에서 발생하는 통일성에 기반한다는 점이다. 따라서 이런 공동 이해는 어느 순간 완료되는 것이 아니라 그 상황에 존재하며, 완벽한 것이라기보다는 불완전하고 개방적이다.

전략:
새로운 전선의 구축

이제 하버마스가 인간의 언어행위를 분석함으로써 도달하고자 하는 전략이 분명해진다. 먼저 현대사회가 추구하였던 도구적 합리화의 일면적 경향에 맞서 의사소통적 합리화의 영역을 개척한다. 의사소통적 행위가 일상적으로 실천된다면 인간 상호 이해와 신뢰가 자라날 것이다. 그리하여 체계에 식민화된 생활세계를 회복시키고 미완의 모던적 기획을 밀고 가는 것이다.

하버마스는 인간의 이성적 능력을 신뢰했다. 따라서 비판이론 1세대들의 인간의 이성이 신화로 변하고, 낡아버렸으며, 도구적 합리화에 의하여 변질되었다는 주장을 회의했다. 하버마스가 보기에 비판이론 1세대들은 현대사회를 일면적으로 파악했다. 그들이 좌절하게 된 이유 역시 현대사회가 합리화되는 과정에서 체계의 도구적 합리화만 보았지 생활세계의 의사소통적 합리화를 보지 못했기 때문이다. 오늘날 의사소통적 합리화의 사례는 참여민주주의의 확대라든지, 사회운동 및 인권운동 등을 통하여 발견된다고 할 수 있다. 하버마스는 이렇게 희망을 말했다.

생활세계와 체계 사이의 전선은 오늘날의 세계에서 새로운 의미를 획득한다.

비판에서 대안으로

1세대 비판이론의 장점은 현대사회에 대한 타협 없는 비판이라 할 수 있다면, 한계는 그 대안과 전망 없는 비판에 그쳤다는 점이다. 하버마스는 1세대 비판이론가들의 비판점에 동의하면서도 그 비판을 통해서 긍정적인 결과를 얻어낼 수

　　　　너무 재밌어서 잠 못 드는 철학 수업

있는 대안을 마련하려고 했다. 하버마스는 인간의 이성은 부정과 비판뿐만 아니라 토론과 대안 마련에도 능하다고 믿었다. 그런 의미에서 이성에 의한 근대의 기획은 실패가 아니라 아직 미완이라고 생각했다.

생활세계를 다시 활성화하기 위해 체계의 폭압성에 맞서려는 시도는 정치적 독재나 관료주의에 맞서 시민사회를 활성화하고 시민의 민주주의를 확장하려는 노력과 유사하다. 독재에 맞서 투쟁과 저항으로 새로운 사회를 구성했던 한국의 역사는 하버마스의 이론이 허구만이 아님을 역사적으로 증명하고 있다. 생활세계를 다시 활성화하려는 시민들의 집단적 노력이 계속될 때 하버마스의 이론은 이상에서 벗어나 현실이 될 수 있다. 인간의 이성은 도구적으로 사용될 경우 인간을 억압할 수 있는 수단으로 늘 사용되었지만, 비판적으로 사용될 경우 다시금 민주주의와 인권을 강화할 수 있는 도구가 된다.

소쉬르
언어로 본 세상

언어는 화자(話者) 개인의
자유의사가 아니라,
오히려 개개인이 수동적으로
동화된 산물이다.

구조주의의 창시자,
소쉬르

소쉬르(Ferdinand de Saussure)는 1857년 스위스 제네바에서 태어났다. 대대로 내려오는 학자 집안에서 자라난 그는 어릴 때부터 천재성을 드러냈다. 15세에(우리로 치면 중학생 때) 이미 『언어의 일반 체계』라는 논문으로 주위를 떠들썩하게 만들었고, 21세에는 『인도유럽어의 원시모음 체계에 관하여』라는 논문으로 언어학계에 파란을 일으키면서 일약 스타가 되었다.

그는 고향인 제네바에서 대학 교편을 잡고 고대언어, 문법, 일반언어학을 가르쳤는데 그중에서도 일반언어학 강의가 유명했다. 소쉬르가 죽자 제자들은 그의 강의록을 모아 책으로 만들었는데, 바로 희대의 명저 『일반언어학강의』이다. 이 한 권이 언어학계를 떠들썩하게 만들었고, 후대의 철학자들에게 크나큰 영감의 원천이 되었으며, 그를 구조주의의 창시자로 만들었다.

그는 모국어인 프랑스어뿐만 아니라 독일어, 영어, 라틴어, 고대 그리스어, 고대 페르시아어, 고대 독일어에 능통했다. 하지만 언어학자인 그가 20세기 철학의 대표적인 인물 중 하나가 된 이유는 다른 데 있었다.

바로 코페르니쿠스적 전환이라고 불릴 만큼 혁명적인 그의 언어학적 방법론 때문이다. 그 이전의 언어학이 역사적인 언어를 추적하거나(역사주의 언어학), 대상과 언어의 관계를 규명하는(실증주의 언어학) 작업에 관심을 쏟았다면, 그의 관심사는 전혀 다른 곳에 있었다. 그는 언어 그 자체의 구조와 관계에 관하여 탐구했다.

후에 **구조주의 언어학**이라고 이름 붙여졌던 그의 언어학은 언어의 영역을 뛰어넘어 인류학과 사회학, 심리학 등 인문과학과 사회과학의 전 분야에 걸쳐 광범위하게 적용되었다. '구조주의의 사총사'라 불리는 레비스트로스, 라캉, 푸코, 알튀세르 역시 소쉬르로부터 빚진 바크다.

완전히 새로운 각도에서 언어를 탐구하고 분석해 20세기의 철학에 막대한 영향을 주었던 학자이자 구조주의의 창시자, 소쉬르를 만날 차례다.

장기
놀이

구조주의 언어학을 이해하려면 장기 놀이를 상상하며 다음 질문에 답해보자.

문제1 노인정 앞에서 두 노인이 심심풀이 소주내기 장기를 두려고
한다. 그런데 문제가 발생한다. 말이 부족한 것이다. 초(楚)나라는
졸(卒)이 두개가 부족하고, 한(漢)나라는 마(馬)가 하나 없다. 이를
어찌할 것인가?

답 간단하지. 초나라에 부족한 두개의 '卒'은 '바둑돌'로 대신하고,
한나라에 부족한 한 개의 '馬'는 소주 뚜껑으로 대신하면 된다.

왜 왜긴, 장기 한두 번 둬보나. 바둑돌을 卒로 알고, 소주 뚜껑을 馬
로 알고 두면 그만이지.

맞다. 바둑돌이 없으면 길거리에 있는 아무 조약돌이나 집어서 졸
을 대신하면 되고, 소주 뚜껑이 없으면 십 원짜리나 백 원짜리로 대
신하면 그만이다. 장기를 두는 데는 하등 지장이 없을 것이다. 그러면
다음 문제.

문제2 장기를 한참 두고 있는데, 한 노인이 궁지에 몰렸다. 오갈 데
없는 '장군'을 받은 것이다. 그러자 이 노인이 사(士)를 슬쩍 두 칸
이나 올려서 '멍군'으로 응수했다. 어떻게 되었을까?

답 어떻게 되긴. 개판 됐지. 명색이 내기 장긴데 슬쩍 눈감아줄 수
는 없는 법! 장기판이 뒤집어지고 말았지.

왜 왜긴 士야 한 칸밖에 가지 못하는데 두 칸이나 갔으니 문제일
수밖에. 그렇게 가는 길을 위반하고 막 장기를 두면 어디 장기를 둘
수나 있겠나?

맞다 맞아. 장기 알 몇 개 없는 것이야 큰 문제가 되지 않지만, 장기 규칙을 어기는 것은 넘어갈 수 없는 문제다. 게임이 안 되니까. 자 그러면 이 질문의 원래 취지로 돌아가 장기 놀이를 언어라고 생각해 보자.

규칙과 행위: 랑그와 파롤

소쉬르는 언어(language)를 **랑그**(langue)와 **파롤**(parole)로 구분했다. 위의 장기 놀이에 비유하면 '랑그'는 장기 놀이의 규칙에 해당되는 것이고, '파롤'은 그 규칙에 따라 장기를 두는 사람들의 구체적인 행위를 일컫는다.

언어학적으로만 국한시켜서 말한다면, 랑그란 '언어 사용에 관한 사회적 규칙이나 관행'을, 파롤은 '구체적인 상황 속에서 개개의 사람들이 하는 말'을 뜻한다. 랑그는 그런 의미에서 보편적이고 추상적이라면, 파롤은 개별적이고 구체적이다. 이때 중요한 것은 파롤이 아니라 랑그다. 왜냐하면 인간의 구체적인 언어 행위는 언어 규칙을 통해서만 드러나기 때문이다. 다음은 소쉬르가 한 말이다.

우리가 구별해야 할 것은 사회적인 것과 개인적인 것, 본질적인 것과 부수적 내지 비본질적인 것이다. 언어는 화자(話者) 개인의 자유의사가 아니라, 오히려 개개인이 수동적으로 동화된 산물이다.

때문에 소쉬르는 언어의 사회적이고 본질적인 측면인 랑그의 체계를 연구하는 것이 언어학의 임무라고 보았다. 눈에 보이는 언어 현상보다는 눈에 보이지 않는 규칙과 체계에 더 많은 관심을 기울인 것이다. 마치 프로이트가 의식 속에 숨어 있는 커다란 빙산 덩어리인 무의식에 관심을 쏟은 것과 마찬가지로 소쉬르는 파롤을 드러내는 근원적인 구조인 랑그에 주목했다.

이와 유사한 구분은 구조주의 언어학자들에 의해 다양하게 이루어졌는데, 참고로 이를 정리하면 다음과 같다. (이러한 개념의 유사성을 알면 나중에 공부하는데 도움이 될 것이다.)

	추상 / 본질적	구체 / 비본질적
소쉬르	랑그	파롤
촘스키	언어 능력 (linguistic competence)	언어 수행 (linguistic performance)
야콥슨	기호 체계(code)	전언 내용(message)

파란 신호등:
시니피앙과 시니피에

한편 소쉬르는 언어 역시 인간의 의사소통이 가능한 기호의 일부분이므로, 언어 현상을 기호학(semiology)의 관점에서 해명하려고 했다. (기호학은 기호(signs; semeia)와 과학(logos)이라는 말을 합성하여 만든 말이다.)

기호의 예를 하나 들어보자. 우리가 횡단보도를 건널 때 파란불이면 건너고 빨간불이면 멈추는 것은, 바로 '파란불 = 건넌다'와 '빨간불 = 멈춘다'라는 약속 때문이다. 만약에 빨간불일 때 건넌다면 그는 약속을 파기한 것이기 때문에 벌금을 물어야 한다. 그런데 우리가 애당초 약속하기를 빨간불이면 건너고, 파란불이면 멈춘다라고 정했다면, 오히려 파란불에 건너는 사람이 벌금을 물어야 할 것이다.

소쉬르는 기호가 청각이나 시각 등으로 감지될 수 있는 측면(위의 예에서는 '파란불')과 감지될 수 없는 개념적 측면(위의 예에서는 '건넌다')으로 구성되어 있다고 보고, 전자를 형식을 나타내는 **기표**(시니피앙: signifiant), 후자를 의미를 뜻하는 **기의**(시니피에: signifié)라 했다. 그러니까 (언어를 포함하여) 기호는 기표와 기의로 구성된다.

신호등의 예에서도 살펴본 것처럼, 기호는 사회적인 약속에 따라 자의적으로 구성된다. 즉, '빨간불 = 멈춘다'는 기호는 필연적이지 않

너무 재밌어서 잠 못 드는 철학 수업

다는 말이다. 이러한 예는 언어에서도 흔히 찾아볼 수 있다. 사람을 나타낼 때, 우리는 '사람'이라고 말하지만 영어로는 '맨(man)'이라고 말하고, 중국에서는 '르언(人)'이라고 말한다. 어느 것이 진짜 사람을 나타내는지 증명할 방법은 어디에도 없다. 단지 임의로 그렇게 약속해놓은 것에 불과하다. 때문에 기표와 기의의 관계가 자의적이라고 보아야 한다.

한편 기호와 지시 대상 간의 관계도 자의적이라고 볼 수 있다. 예를 들어 '사람'이라는 언어 자체만 놓고 본다면 사람의 특징을 전혀 알 수 없다. 만약에 사람이라는 말 속에 사람을 나타내는 특징을 가지고 있다면 중국에서도, 미국에서도 사람은 '사람'이라고 불렸을 것이다. 이제 우리는 언어와 사물(현상) 간의 명쾌한 대응 관계를 꾀하려는 전통적인 언어학자의 입장이 얼마나 허술하며, 오히려 언어와 사물 간에는 커다란 간극이 있음을 알게 되었다.

이밥과 이밥의 차이: 기호의 가치

기호와 지시 대상 간의 관계 속에서도 기호의 가치(의미)를 찾을 수 없다면, 어디에서 그 가치를 찾을 수 있을까? 소쉬르는 다음과 같이 대답했다.

언어를 이루는 구성요소는 그 자체로 어떤 실질적인 의미를 갖는 것이 아니라, 오직 다른 요소들과의 관계를 통하여, 즉 요소들 간의 차이(difference)를 통해서만 비로소 의미를 가질 수 있다.

쉬운 예로 설명해보자면, '개'와 '새'의 가치는 '개'와 '새'라는 말 속에 있는 것이 아니라, '개'와 '새'라는 말의 음성적 차이('ㄱ'과 'ㅅ'의 차이)를 통하여 생겨난다는 것이다. 뿐만 아니라 개념적인 차이의 대립을 통해서도 가치가 발생한다. 남(南)이라는 개념은 북(北)이라는 개념과 대립함으로써, 남(男)이라는 개념은 여(女)라는 개념과 대립함으로써 가치가 발생하는 것이다.

음성적 차이가 만들어내는 가치가 다르기 때문에 생겨나는 재미있는 예를 하나 들어보자.

한국어는 영어의 '엘(L)'과 '알(R)'을 모두 '리을(ㄹ)'로 표기한다. 그러니까 'lice'나 'rice'는 모두 '라이스'가 된다. 하지만 영어는 이 두 단어가 엄청난 차이를 가지고 있다. 앞의 것은 '기생충(蟲)'을 뜻하고 뒤의 것은 '쌀(米)'를 뜻한다. 때문에 우리가 미국인에게 우리말로 '카레라이스'를 먹었다고 말한다면, 대경실색을 할 것이다. 우리는 '이(米)밥에 카레를 얹은 것'을 먹은 것에 불과하지만, 미국인은 우리가 머릿니에 카레를 곁들여 먹는다고 생각할 수 있기 때문이다. 이 모두가 음성적 차이의 가치가 다르니까 나오는 해프닝인 것이다.

너무 재밌어서 잠 못 드는 철학 수업

식당 메뉴 보는 법:
연쇄관계와 계열관계

저렴한 레스토랑이라 해도 약식으로 격식을 차리기도 한다. 보통 전식(前食) – 메인코스 – 후식(디저트)를 제공하는 식이다. 과거 한국에 흔했던 경양식당들은 대체로 다음과 같은 메뉴를 가지고 있었다.

전식	메인 코스	후식
야채 수프 크림 수프	빵 / 밥 - 돈까스 빵 / 밥 - 생선가스 빵 / 밥 - 비후스테이크 빵 / 밥 - 함박스테이크 오므라이스 카레라이스 (기타 등등)	아이스크림 커피 콜라 사이다

나는 주로 크림수프에 돈까스, 그리고 후식으로는 커피를 즐겨먹는 편이었다.(왜? 가장 싸니까.) 소쉬르의 언어학을 이야기하다가 갑자기 음식타령일까? 구조주의 언어학에서 중요한 개념인 **연쇄관계**(syntagme)와 **계열관계**(paradigme)를 설명하기 위해서다.

앞에서 우리는 기호의 가치가 음운적이고 개념적인 차이에 의하여 형성된다고 말한 바 있다. 그런데 그 가치의 차이를 구분하기 위해서라도 우선은 기호끼리 관계를 맺어야 한다. 소쉬르는 기호 간의 관계를 수평적인 차원의 관계(연쇄관계)와 수직적인 차원의 관계(계열관계)로 구분하여 설명했다.

그러니까 위의 메뉴판을 예로 들면 내가 크림수프 – 돈까스 – 커피를 선택하여 연쇄적으로 먹은 것이 연쇄관계이고, 먹지는 않았지만 내가 먹은 것과 같은 계열에 속하는 것(예를 들어 아이스크림/커피/콜라/사이다)이 계열관계이다.

문장은 바로 이러한 관계 속에서 형성되는데, 예를 들어 "나는 거리를 걷는다."라는 문장만 하더라도 '나/거리/걷는다'등의 기호가 연쇄적인 관계를 맺고 있다. 여기서 '나'의 자리에 '너'나 '그녀' 또는 '우리' 등 같은 계열의 단어들이 들어가도 문장은 성립된다.

기호는 끊임없이 다른 기호와 관계를 맺으면서 가치를 결정한다. 그러니까 기호는 다른 기호와 내적으로 상호 의존/대립하는 관계를 맺는다. 소쉬르는 연쇄관계를 현존하는 것으로, 계열관계를 잠재적인 기억의 계열 속에 있는 부재한 것으로 보았다.

여름의 의미 :
통시성과 공시성

이조 세종 때 '여름'이라는 말은 '열매'라는 뜻이었다. 그러나 지금은 '여름'하면 찌는 듯한 더위의 '여

너무 재밌어서 잠 못 드는 철학 수업

름(夏)'이 생각날 것이다. 이처럼 언어의 역사적인 기원과 변화 과정을 시대에 따라 살피는 언어학을 '역사주의 언어학'이라고 말할 수 있다. 소쉬르 이전의 전통적인 언어학자들의 접근법이다.

하지만 소쉬르에게 중요한 것은 언어가 역사적으로 어떻게 변했는가가 아니었다. 현재의 많은 사람들은 자신이 쓰는 말이 역사적으로 어떻게 변화되어왔는지 모르고 쓰는 경우가 더욱 허다하다. 오히려 중요한 것은, 언어가 역사적으로 바뀌는 특수한 현상이 아니라 그러한 변화에도 불구하고 언어가 가능하게 되는 보편적인 언어의 규칙과 체계를 현재의 시점에서 밝히는 것이다.

소쉬르는 언어에 대한 접근 방식의 이러한 차이를 **통시성**(通時性, diachrony)과 **공시성**(共時性, synchrony)이라는 용어로 구분했다. '통시성'은 역사적인 접근 방식이고, '공시성'은 시간적 전후에 관계없이 공통적으로 적용되는 접근 방식을 나타낸다.

물론 소쉬르는 공시성을 강조하였는데, 통시언어학자들은 파롤의 역사적인 변천을 연구하는데 몰두한 나머지, 언어의 본질인 랑그의 영역에 도달하지 못했다고 생각했기 때문이다. 그는 파롤의 역사성은 랑그의 비역사성을 전제로 해서만 가능하다고 보았다.

언어학의
혁명

우리는 이상에서 랑그와 파롤(언

어의 본질), 기표와 기의(기호의 구성), 연쇄관계와 계열관계(기호의 상관관계), 통시성과 공시성(언어의 접근방식) 등의 대립항을 통하여 구조주의 언어학의 특징을 살펴보았다. 이상을 간략히 정리하면 다음과 같다.

첫째, 구조주의 언어학은 개인적이고 비본질적인 파롤보다는 보편적이고 본질적인 랑그를 연구의 대상으로 삼는다. 이는 드러나는 개별의 현상보다는 그 현상이 가능하게 하는 근본적이고 무의식적인 규칙과 체계에 주목한다는 말이다.

둘째, 구조주의 언어학은 기호의 자의성에 주목한다. 즉 대상과 언어의 일치라는 고전적인 명제를 부정하고, 비물질적이고 추상적인 언어를 언어 그 자체의 영역에서 탐구한다.

셋째, 언어의 가치(의미)를 대상에서 찾는 것이 아니라, 언어 자체가 가지고 있는 음운적인/개념적인 차이를 통하여 찾을 수 있다. 때문에 언어는 언어의 형식을 벗어나는 언어 외적 현실이나 대상보다는, 언어의 구조와 관계에 주목한다.

넷째, 언어는 공시적인 방법으로 탐구해야 한다. 다시 말해, 언어의 역사적 변천이 아니라 언어의 규칙과 체계를 탐구해야 한다. 언어는 역사적인 산물이 아니라 그 자체로 자율적이고 완결적인 것이다.

이상과 같은 구조주의 언어학의 주장은 당시로는 참으로 혁명적인 것이었다. 소쉬르의 언어학은 언어를 대상의 묘사로, 대응으로 생각했던 실증주의자들과 주관적 관념을 표현하는 도구로 생각했던 현상학자들에게 당시 커다란 충격을 주었다.

너무 재밌어서 잠 못 드는 철학 수업

이러한 언어학의 혁명은 단순히 언어학 영역에 국한된 것은 아니었다. 구조주의 언어학이 열어놓은 새로운 방법은 많은 철학자들에게 영감을 주었고, 그 학문적 접근을 사회, 문화, 정치 등 다양한 관심 영역에 적용하려고 했다.

우선 구조주의 철학자들은 그가 개별적이고 구체적인 언어 현상보다는 그 언어 현상을 가능하게 하는 본질적인 규칙과 체계를 탐구했다는 점을 높이 샀다. 후에 자세히 살펴보겠지만, 레비스트로스는 구조주의적 방법을 문화인류학에 적용하여 인류 생활의 공통적이고 무의식적인 사회규칙을 탐구했다. 라캉은 인간의 무의식의 영역을, 푸코는 권력과 지식의 관계를 해명하는데 구조주의적 방법을 사용했다.

또한 그들은 당대에 유행하고 있었던 주체 중심의 실존주의 철학에 대한 비판의 관점을 구조주의적 방법을 통하여 얻으려 했다. 소쉬르의 방법에 의하면, 인간의 인식이나 행위는 개인의 결단에 의한 것이 아니라, 역으로 무의식적이고 본질적인 규칙(구조)에 의하여 인간의 인식이나 행위가 결정된다. 그러니까 주체 외부의 주체를 형성시키는 구조를 설정함으로써, 주체를 해체시키는 효과를 얻는 것이다.

구조주의 철학자들은 소쉬르의 방법이 반인간주의, 반역사주의로 귀결된다는 점에도 주목했다. 이러한 구조주의적 방법은 기존의 철학이 자신의 세계관을 인간 중심, 역사 중심으로 해명하려고 하였던 것에 대한 적극적인 반론을 형성했다.

소쉬르의 언어 혁명은 이후에 구조주의 철학자들의 의해 다양한 영역으로 확장되고 전개되었는데, 레비스트로스는 인류학의 영역으로, 라캉은 심리학의 영역으로, 알튀세르는 정치학의 영역으로, 푸코는 사회학의 영역으로 그 지평을 넓혀갔다.

체제를 비판한 언어학자

노암 촘스키(Noam Chomsky)

1928년 노암 촘스키는 우크라이나 출신인 히브리어 학자 윌리엄 촘스키와 벨라루스 출신인 엘지 촘스키 사이에서 태어났다. 태어난 곳은 필라델피아 부근이었다. 그는 히브리 문화와 문학에 노출되어 길러졌다. 필라델피아 중앙고등학교, 펜실베이니아 대학교에서 철학과 언어학을 공부하였고, 박사 학위 논문은 『현대 히브리어의 형태소론』(1951)이었다. 일찍이 언어학에 깊은 관심을 갖고, 언어에 대한 새로운 생각을 정리하여 『통사구조』라는 책을 펴낸 것은 1957년이었다. 1955년부터 MIT에 합류하여 1961년에 언어학과 전임교수로 임명되어 2002년 퇴임했다. 그는 '변형생성문법' 이론을 체계적으로 발전시켜 널리 알려졌다.

한편 그는 미국의 사회비판적 지식인으로 활동한 것으로도 유명하다. 베트남 전쟁 당시에는 전쟁에 반대하는 입장을 밝혔고, 수많은 세계적 사건에 개입하여 다양한 글을 발표함으로써 위험인물로 낙인찍혔다. 그는 현재도 미국 주도의 세계 자본주의 체제를 비판하고 있고, 약탈적 인류의 시스템에 대한 비판적 견해를 계

너무 재밌어서 잠 못 드는 철학 수업

속 발표하고 있다.

그는 정력적으로 글을 써서 백여 권의 저서와 천여 편의 논문이 있다. 우리에게 잘 알려진 책은 『지식인의 책무』(1967), 『여론조작』(1986), 『테러리즘의 문화』(1988), 『불량국가』(2000), 『촘스키, 미래정부를 말하다』(2006) 등이 있고, 널리 알려진 언어학 책으로는 『생성문법론』(1957), 『언어와 지식의 문제』(1994), 『자연과 언어에 관하여』(2001) 등이 있다.

레비스트로스
야성적으로 생각하라

세계는 인간 없이
시작되었고, 인간 없이 끝날
것이다. 그러나 비록 인간
자신이 저주받을지라도
그의 헛된 노력들은 하나의
보편적인 몰락 과정을
저지하는 방향으로 진행될
것이다.

구조주의
인류학자

레비스트로스(Claude Lévi-Strauss)는 1908년 벨기에의 브뤼셀에서 태어났다. 그의 할아버지는 유태교의 랍비였고, 아버지는 화가였다. 때문에 그는 어려서부터 그림, 조각, 골동품 등에 대한 식견을 넓힐 수 있었고, 이러한 그의 경험은 그의 학문에 커다란 밑천이 되었다. 고등학교 시절 프랑스 파리로 이주해 사르트르가 다니던 파리의 고등사범학교에 입학하여 법학과 철학을 공부했다. 1931년에는 최연소자로 철학 교수 자격시험에 합격했다. 이때 그의 나이는 23세였다. 대학을 졸업하고 사르트르와 마찬가지로 고등중학교에서 교사 생활을 하다가 1935년 선배의 소개로 브라질의 상파울로 대학의 사회학 교수로 취임하게 된다.

사르트르가 독일로 유학 가 현상학을 접한 것이 삶의 커다란 전기가 되었다면, 레비스트로스에게는 브라질 체류가 바로 삶의 전기가 되었다. 그는 체류 기간 동안 주말이나 방학을 이용하여 아마존 강 유역의 원주민 사회를 답사할 수 있었고, 1938년에는 브라질 정부의 후원으로 브라질 내륙 지방의 원주민 사회조사단의 일원으로 참가했다. 이러한 그의 경험은 후에 그의 주저가 된 『슬픈 열대』(1955), 『구조인류학』(1958), 『야성적 사유』(1962) 등에 널리 다루어졌다.

2차 대전이 발발하자 유태인이었던 그는 미국으로 탈출하여 뉴욕의 신사회조사연구원에서 8년간 연구 생활을 했다. 여기서 그는 저명한 구조주의 언어학자인 야콥슨을 만나 깊이 영향을 받고, 그와 공동으로 『언어학과 인류학에 있어서의 구조적 분석』(1954)이라는 논문을 내놓기도 했다.

전쟁이 끝나자 48년에 파리로 돌아와 인류학 박물관의 부관장직을 맡으며 저술 활동에 전념했다. 그의 원시사회에 대한 연구 경험은 구조주의적 방법론을 만나자 빛을 발했다. 그는 일약 구조주의 인류학자로 명성을 얻고, 1959년에는 모교로 돌아와 사회인류학을 강의했다. 동시대 인물인 사르트르와 학문적으로 대립하여 당시 사상계에 커다란 파문을 일으키기도 했다.

레비스트로스는 학문적 관심은 인류학을 넘어 신화학(神話學)의 영역으로 확대되어, 1964년부터 71년까지 8년간 동안 방대한 네 권의 『신화학』 저서를 내놓는다. 제1권 『날것과 익힌 것』(1964), 제2권 『꿀로부터 재까지』(1966), 제3권 『식사법의 기원』(1968), 제4권 『벌거벗은 인간』(1971)이 그것이다.

사르트르의 실존주의를 비판하며 구조주의의 새로운 지평을 열었던 인류학자, 책상에 앉아 관념을 주무르는 대신 원시사회를 몸소 체

험하며 깊은 애정을 가지고 저술했던 철학자이자 문명사회의 고발자
인 레비스트로스를 만나보자.

슬픈
열대

그는 문명사회의 일원이자 인류학
자였다. 같은 조건에서 많은 경우 원시사회를 미개사회로 바라보고
계몽의 대상으로 보았다. 그러나 레비스트로스는 그와 같은 함정에
빠지지 않았다. 그는 원시사회의 사고방식과 그 원리를 최대한 대상
화시키지 않고 연구해 오히려 그 관점에서 문명사회를 비판했다.

그는 문명사회가 저지른 들끓는 탐욕과 무한 경쟁, 전쟁과 파멸을
경험했다. 유태인이라는 그의 신분 때문에 전쟁의 참혹함과 무자비함
을 더욱 적나라하게 경험했고 브라질 체류 기간 동안 그곳에 살고 있
는 원주민들의 삶을 조사하면서 문명사회가 원주민 사회에 문명이라
는 이름으로 저질러놓은 파괴를 목격했다.

인류는 자신이 가지고 있는 에너지를 헛된 곳에 낭비하고 있다. 세
상은 온통 폭파되고 폐허가 되어가고 있었다. 인류는 이대로 멸망하
고 말 것인가? 출구는 과연 없는 것인가? 대립을 뛰어넘는 참된 평화
는 아무 곳에서도 발견할 수 없을까? 안정된 전체감을 인류에게 주
고, 인간의 슬픔을 축제에 의해 해결하고, 영혼이 감성과 지성을 통일
시키는 '황금시대'는 과연 오지 않을 것인가? 그는 인류학을 통해 이

런 질문들에 답하려 했다.

그리고 그는 원주민들의 사유/생활방식 속에서 인류의 보편적인 사유 질서를 발견하고, 이러한 사유—레비스트로스의 용어에 의하면 **야성적 사유**—를 통하여 문명사회를 비판하고, 새로운 세계를 꿈꾸었다. 진정 '슬픈 것'은 '열대'가 아니라 '문명사회'라고 그는 역설적으로 주장했다.

뜨거운 사회와 차가운 사회

레비스트로스는 그의 저서 『슬픈 열대』(1955)에서 인류학(anthropologie)이라는 용어는 '엔트로폴로지 (entropologie)'라는 신조어로 바꾸어 써야 한다고 말했다. 이러한 용어에 따르면 '인류(anthropos)'에 대한 '학문(logie)'은 '열역학의 상태함수 (entropie)'에 대한 학문으로 대체된다. 그의 주장은 다음을 암시한다: 인간의 행위는 역학적 요소처럼 과학적으로 분류될 수 있으며, 자연이나 사회현상은 절대로 임의적일 수 없다. 때문에 인류학은 그 요소와 요소 간의 관계 속에서 심층적이고 보편적인 질서와 규칙을 발견할 수 있다.

레비스트로스는 원시사회와 문명사회를 비교하면서도 역학적 표현을 사용했다. **차가운 사회**(cold society)와 **뜨거운 사회**(hot society)가 그것이다.

너무 재밌어서 잠 못 드는 철학 수업

그는 서구와 같은 문명사회를 뜨거운 사회라 부르며 이를 '열역학적 기계'에 비유한다. 그 사회는 마치 증기기관과 같아서 에너지를 산출하고 소비하면서 발전을 하고 그에 따라 갈등을 하는 사회이다. 이러한 사회는 기술적으로 비약적인 발전을 이룩하였지만 그만큼이나 파괴, 무질서와 갈등을 수반하게 된다.

반면 원시사회와 같은 차가운 사회는 '기계적 기계'에 비유된다. 이 사회는 처음에 주어진 에너지의 양이 거의 증감하지 않고 고스란히 유지되는 사회이기 때문에 기계적(mechanical)이라고 할 수 있다. 마치 시계처럼 원초적 상태를 고스란히 유지하면서 역사적 변화를 거의 느낄 수 없는 이 사회에서는 인간 간의 파괴나 무질서가 존재하지 않는다.

레비스트로는 차가운 사회와 뜨거운 사회를 **정적 사회**(static society)와 **동적 사회**(mobile society)로 표현하기도 했다. 원시사회는 변화가 거의 없다는 점에서 정적 사회이고, 문명사회는 급변한다는 점에서 동적사회라 부를 수 있겠다. 레비스트로스의 구분은 단순히 두 사회의 우수함/열등함이나 좋음/나쁨을 가르기 위하여 만들어진 것이 아니다. 그가 경험한 차가운 사회(정적 사회) 역시 인간의 삶을 안정적으로 유지하기 위한 구조를 갖추고 있으며, 그것은 문명사회에 비해 결코 열등한 것은 아니라는 점을 이야기하고 싶었다. 아울러 문화우월주의에 빠져 있는 서구 사회의 잘못된 시각을 교정하고 싶었던 것도 사실이다. 하지만 레비스트로스의 진정한 목적은 대립이 아니라 화해였다. 레비스트로스는 화해를 위해 어떤 전략을 사용했을까?

탐사
장비

　　　　　　먼저 레비스트로스가 화해를 위해 썼던 장비들을 살펴보자. 탐사에 나서기 전에 장비를 확인하는 것은 필수불가결하니까. 그는 마르크스주의, 정신분석학, 지질학의 영향을 받았다. 특히 마르크스나 프로이트의 생각은 인류학의 지적 탐사에 유용한 것이었다.

　마르크스주의는 (…) 지질학이나 정신분석학과 같은 방식으로 진행된 것 같다. 이상의 세 영역은, (…) 참다운 현실은 가장 겉표면에 나타나 있는 것이 아니고, 그리고 진리의 본성은 그 진리가 스스로 숨으려 하면서 두는 세심한 주의 속에서 이미 속살을 보이고 있다는 것을 제시하고 있다.

　인용구를 통하여 유추해 보건대, 그의 작업이 '겉표면'보다는 '속살'에 더욱 강조점을 두고 있음을 알 수 있다. 하지만 그에게 더욱 결정적인 장비를 제공한 것은 구조언어학이었다. 여기서 잠시 구조언어학의 특징을 상기해보자.

　① 무의식적 구조: 개별 언어현상의 이면보다 이를 가능하게 하는 보편적이고 무의식적인 언어 구조와 법칙 중시(파롤과 랑그)
　② 언어의 관계성: 언어의 구성요소 그 자체보다는 요소간의 체계

적인 관계 중시(연쇄관계와 계열관계)

③ 비역사성: 언어의 역사적 변천보다는 언어의 보편적 구조와 법칙의 강조(통시성과 공시성)

④ 반인간주의: 지시 대상이나 주체보다는 언어 내적 관계에서 나오는 가치 강조(기표와 기의)

레비스트로스는 구조언어학의 방법을 인류학에 적용시킴으로써, 언어에 대한 하나의 방법론의 차원을 넘어 명실상부한 구조주의 철학을 정착시키게 된다. 자, 장비가 갖추어졌으니 본격적인 탐사에 들어가자.

여자
나누기

이상의 장비를 가지고 그가 먼저 탐사해 들어간 곳은 인류의 결혼 규칙이었다. 결혼은 인류를 구성하는 데 가장 기초적인 가족 단위를 형성시키고 인간관계를 유지하게 하는 행위이다. 만약에 인류가 같은 규칙에 의하여 결혼하고 있다면, 그 규칙이야말로 인류의 심층적인 의식구조를 밝히는 데 결정적인 단서가 될 수 있지 않을까? 그리고 그 심층적인 의식구조를 고찰해 인류의 문화 현상 제반의 규칙을 발견할 수 있지는 않을까?

결혼 규칙에 대하여 이야기해보자. 남자는 여자와 결혼한다. 하지만 어느 여자라도 상관없는 건 아니다. 대부분의 사회에서 남자는 어머니나 여동생과 결혼할 수 없다. 왜일까? 하도 가까이 있으니 성욕이 발동하지 않아서? 아니면 죄의식 때문에? 혹은 다른 이유가 있는가?

레비스트로스가 보기에 인간 사회의 공통되고 보편적인 규칙인 '근친상간의 금기(incest taboo)'는 생리적인 욕망을 자제하기 위하여 생겨난 것이 아니었다. 그러한 소극적 의미보다는 일정한 규칙하에서 여자를 교환함으로써 집단 간의 '호혜성의 관계'를 형성하려는 적극적인 규칙이었다. 한편 이러한 규칙은 인간이 규칙을 염두에 두고 언어를 구사하지 않는 것과 마찬가지로 무의식적으로 형성된다. 의사소통을 위하여 언어가 교환되듯이, 친족 구성을 위하여 여성이 교환되는 것이다. 레비스트로스는 두 현상의 본질적 측면이 같다고 보았다.

여기서 우리가 주목할 것은 인간 사회의 보편적이고 공통적인 규칙이 무의식적으로 관철되고 있다는 것이다. 좀 더 깊숙이 들어가보자.

친밀한 아버지와
엄한 외삼촌

만약에 부부 관계가 친밀하다면 부자 관계는 어떠할까? 그리고 어머니와 외삼촌의 관계는? 레비스트로스는 이러한 질문들을 통해 인간 사회의 특성을 알 수 있다고 생각했다. 그는 친족 구성뿐만 아니라 친족 구조의 관계도 일정한 규칙이

너무 재밌어서 잠 못 드는 철학 수업

있다는 사실을 발견했다.

대표적인 예로 그는 체르케스족과 트로브리얀드족의 유형을 비교 분석했다. 체르케스족은 부부 관계와 부자 관계가 엄격한 반면 남매 관계(어머니-외삼촌)와 외삼촌-조카 관계는 친밀하다. 이와는 반대로 트로브리얀드족은 남매 관계와 외삼촌-조카 관계가 엄격한 반면 부부 관계와 부자 관계는 친밀하다. 이를 이해하기 쉽게 도표로 나타내 보자.

체르케스족		
	아버지	외삼촌
어머니	엄격	친밀
나	엄격	친밀

트로브리얀드족		
	아버지	외삼촌
어머니	친밀	엄격
나	친밀	엄격

여기서 중요한 것은 친족 개별의 특성이 아니라 친족 구성원 사이에 맺고 있는 관계다. 레비스트로스에 의하면 친족 간의 상호관계는 어느 한 관계가 정해지면 나머지 관계를 자동적으로 알 수 있다. 마치 언어의 가치가 상호 대립하는 음운(예를 들어 rice와 lice에서의 r과 l처럼)이나 개념의 관계 속에서 이루어지는 것처럼, 친족 구성원의 위치와 역할은 상호 대립하는 친족 단위의 구조적 관계 속에서 결정된다.

레비스트로스는 이러한 **이원적 대립**이야말로 인간의 무의식적 사유를 구조화하는 법칙이며, 이 법칙에 의거하여 사회문화적 현상을 설명할 수 있다고 보았다. 그는 '이원적 대립'의 구조를 친족 체계 뿐만 아니라 요리, 색상, 신화 등의 영역에 광범위하게 적용했다. 그는 요리 체계의 이원대립(구운 음식/끓인 음식=손님용/가족용), 색상 체계의 이원대립(적색/녹색=위험/안전) 등의 예를 들어 우리가 비논리적이고 비체계적이라고 생각하는 영역 또한 이원적 대립 구조를 통하여 논리적이고 체계적으로 설명할 수 있다고 주장했다.

야성적 사유

이상의 근친상간의 금기 규칙, 친족 체계의 이원적 대립 등을 통하여 레비스트로스가 주장하는 바는 자연과 문화, 정신의 세계에 보편적이고 공통적으로 관철되는 규칙이 있으며, 인간은 이런 규칙들에 의하여 무의식적으로 사유한다는 것이다.

여기서 그는 원주민들의 사유 방식에 주목했다. 차가운 사회에 살고 있는 원주민들이야말로 인간의 사유를 외부의 개입이나 심한 변동 없이 순수한 상태로 계속해왔으며 인간의 사유 구조의 원형을 고스란히 간직할 수 있다. 때문에 레비스트로스는 원주민의 사유 방식 속에서 모든 인간이 무의식적으로 간직하고 있는 공통적이고 보편적인 사유 방식(구조와 법칙)을 발견할 수 있다고 보았다.

레비스트로스는 원주민들의 사유 방식을 **야성적 사유**(la pense sau-

너무 재밌어서 잠 못 드는 철학 수업

vage)라고 했다. 그는 이 같은 사유 방식이 주술적이고 신화적이되 단순하거나 무질서하지는 않다고 보았다. 서구인들에게 익숙한 추상과학의 논리와 다르다는 이유로 이러한 사고를 비과학적이라고 말할 수는 없다. 레비스트로스는 오히려 이러한 야성적 사유를 통하여 서구인들이 간과하고 있는 구체적인 것들을 획득할 수 있다고 보았다. 때문에 그는 야성적 사유를 가리켜 서구인의 추상적인 과학과는 다른 '구체적인 것의 과학'이라 말했다.

그런데 왜 야성적 사유가 서구인들에게는 낯설어 보이는 것일까? 그것은 서구인들이 이룩해놓은 기술적인 진보에 대한 우월감에 사로잡혀 있기 때문이다. 하지만 이러한 사유는 인류의 무의식 속에 공통적으로 있는 것이기 때문에 서구인들에게조차 남아 있다. 레비스트로스는 서구인들에게 자신의 근거 없는 우월감을 없애고 "야성적 사고를 회복하라!"라고 외친다. 레비스트로스의 주장은 그로부터 2백여 년 전 루소가 남긴 "자연으로 돌아가라"는 한마디와 닮은 울림을 갖고 있다.

주체 없는
칸트주의

이제 정리하자. 레비스트로스의 구조인류학은 몇 가지 중요한 지점을 드러냈다.

먼저 그는 인류의 문화 현상을 가능하게 하는 무의식적 구조의 지평을 열었다. 그는 인류에게 보편적이고 공통적인 사유 구조가 있다고 주장함으로써 인간 사회를 하나의 커다란 전체성 속에서 파악할 수 있게 했다. 이러한 그의 태도를 폴 리쾨르는 '선험적 주체 없는 칸트주의'라고 했다. 인류의 보편적이고 공통적인 사유 구조를 주장했다는 측면에서는 선험적 칸트주의와 유사하다고 볼 수 있지만, 인식 주체를 배제하고 그 자리에 사회적 무의식을 놓았다는 점에서는 칸트주의와는 다르다. 한편 그가 주장하는 무의식이 대상 세계를 파악할 수 있는 논리적 형식을 부여한다는 측면에서는 프로이트의 무의식 개념과도 차별성을 가진다.

둘째, 그의 입장은 당시 유행하고 있었던 실존주의와 대립 지점을 형성한다. 실존 철학이 보편적 규칙을 배제하고 인식 주체를 강조한 휴머니즘 철학이었다면, 레비스트로스의 구조주의는 이와는 정반대로 주체를 해체하는 방향으로 가는 반휴머니즘 철학이었다. 여기서 실존철학과 구조주의 철학의 입장의 차이를 간단히 도표로 살펴보자.

실존 철학	구조주의 철학
주체의 강조	구조의 강조(주체의 해체)
의식적(선구적) 결의	무의식적 사고
자유의 강조	필연의 인식 강조
휴머니즘	반휴머니즘
역사주의	비역사주의

너무 재밌어서 잠 못 드는 철학 수업

실존주의 철학에 대한 레비스트로스의 비판을 통하어 우리는 인간 주체에 대한 비판적 검토의 가능성을 볼 수 있다. 한편 사르트르를 비롯한 실존주의 철학자들은 법칙과 구조를 강조하는 그의 사상은 다양성과 역동성이 무시되는 "폐쇄적이고 무기력한" 것이 될 수도 있다고 비판했다. 하지만 레비스트로스의 구조주의 철학은 무너지지 않고 오히려 실존주의 철학을 분쇄했다. 이후 프랑스 지성사의 주도권은 구조주의자들이 잡았다.

라캉
프로이트로 돌아가자

내가 존재하지 않는 곳에서
나는 생각하고,
내가 생각하지 않는 곳에
나는 존재한다.

근대 철학의 아버지 데카르트는 "나는 생각한다 고로 나는 존재한다"라고 선언하여 의식 중심의 주체 철학을 세웠다. 그 이후로 근대 철학은 바로 이 사유(생각)와 존재의 관계를 규명하는 데 전력을 기울였다. 사유의 한계를 규명하고자 했던 칸트나 사유를 역사화하고자 했던 헤겔이 뒤를 이었다. 의식 중심의 주체 철학이 굳게 뿌리 내리는 듯했다.

라캉은 데카르트의 철학적 선언을 정면으로 부정했다. 그는 말했다. "내가 존재하지 않는 곳에서 나는 생각하고, 내가 생각하지 않는 곳에 나는 존재한다." 이 주장에 따르면 근대 철학의 존재와 사유의 일치는 더 이상 불가능하게 된다. 오히려 라캉은 존재와 사유의 불일치를 통하여 이 세상을 진단하고자 했다.

현대를 사는 나의 자리는 어디인가? 그 자리에서 나의 역할은 무엇인가? 주체의 생성과 활동을 새롭게 모색하는 자리에 라캉이 있다.

다사다난한
정신분석학자

　　자크 라캉(Jacques Lacan)은 1901년 프랑스 파리의 부유한 집안에서 태어났다. 그는 파리의과대학에서 의학과 정신병 치료학을 연구하였으며, 1932년 『편집증적 정신병과 인성의 관계』라는 논문을 발표하고 박사 학위를 받았다. 그 후 그는 파리정신분석학회에 가입하여 열성적으로 활동하는 한편, 국제정신분석학회에서 **거울 단계**에 대한 논문을 발표해 독창적인 연구를 펼쳐나가기 시작했다.

　　2차 대전 당시 군용병원에 근무했던 그는 전쟁이 끝난 후 언어학에 지대한 관심을 기울였다. 파리정신분석학회의 전통적인 정신분석학에 대하여 비판하고 탈퇴한 후 새로운 학풍을 지닌 프랑스정신분석학회에 가입했다. 그 후 학회에서 공개 세미나를 개최하며 자신의 이론을 발표하였으며, 이 세미나는 26년이나 지속되었다. 그는 이 세미나에서 정신분석학과 언어학의 관계를 집중적으로 탐구했으며 그 결과 53년 그의 주요 논문 중 하나인 「정신분석학에서 언어의 기능」을 발표했다.

　　이후 라캉은 욕망을 합리적으로 극복하고 정상인을 만드는 데 목적을 둔 자아심리학자들의 견해에 반대했다. 독특한 업무 처리와 교습 방법으로 적이 많았던 그는 1963년 결국 수난을 맞이한다. 프랑스정신분석학회는 오랫동안 국제정신분석학회 가입을 모색하며 심사를 받고 있었는데, 국제정신분석학회 측에서 라캉을 제명한다는 조건

너무 재밌어서 잠 못 드는 철학 수업

으로 가입을 승인하겠다고 제안한 것이다. 이 사실을 알게 된 라캉은 스스로 프랑스정신분석학회를 탈퇴했다. 대신 1964년 파리프로이트학회를 설립하고 의사뿐만 아니라 철학자, 인류학자, 언어학자, 수학자, 비평가들과 널리 관계를 맺었다. 66년 라캉의 저서 『에크리(Ecrit)』가 발표되자 그에게 프랑스뿐만 아니라 세계 각국의 이목이 집중되었다. 68년 프랑스 전역에서 학생들과 노동자들의 시위가 벌어질 때, 라캉은 이들의 저항운동을 지지해 프랑스 극좌파의 일원으로 여겨지기도 했다.

1980년 말년에 이른 라캉은 학회가 프로이트의 이론을 충분히 따르지 못한다고 판단하여 독단적으로 파리프로이트학회를 해산하여 많은 친우들과 사이가 벌어지고 법정 투쟁의 양상으로까지 확산되었다. 그러나 그가 남겨놓은 연구 성과는 이후 정신분석학뿐만 아니라 철학, 사회학, 언어학, 문학 등의 방대한 영역에서 연구되고 계승된다. 그는 1981년 파리에서 80세의 나이로 사망했다.

프로이트로
돌아가자

조직에 대한 비판과 탈퇴, 새로운 조직 가입, 조직의 탈퇴, 조직 창설 그리고 독단적 해산과 새로운 조직 설립. 무엇이 그로 하여금 이토록 다사다난한 삶을 살게 했던 것일까. 여러 가지 이유가 있겠지만 가장 핵심적인 것은 "프로이트로 돌아가자!"는 그의 일관된 정신 때문이었다.

당시 대부분의 정신분석학계는 정신분석적 방법을 통하여 환자를 치료함으로써 정상인의 삶을 살 수 있도록 하는 것이 정신분석의 목표라고 여겨왔다. 따라서 의사는 당연히 정상인이자 치료자며 교사요, 환자는 비정상인이자 치료받아야 할 대상이었다. 이러한 입장은 미국의 자아심리학자들에게서 대표적으로 발견되는데, 이 입장에 따르면 자아/무의식 중에서 중심 위치를 차지하는 것은 자아(ego)가 된다. 라캉은 이러한 자아심리학적 태도가 프로이트를 이처럼 해석하는 것은 중대한 오류이자 왜곡이라고 생각했다. 프로이트 이론의 핵심은 '자아(의식)에서 무의식으로 전환'이기 때문이다.

따라서 "프로이트로 돌아가자!"는 그의 구호는 망각된 프로이트가 아니라 왜곡된 프로이트에서 원래의 프로이트의 정신을 찾으려는 전투적 선언이 된다. 하지만 그가 돌아가려는 프로이트는 초자아/자아/이드로 삼분립되는 후기 프로이트가 아니라 의식/무의식으로 양분되는 초기 프로이트이며, 그것도 구조주의 언어학의 시각을 적용한 '라캉적' 프로이트이다. 따라서 우리는 프로이트와는 다른 프로이트, 라캉이 구조주의적으로 재해석한 프로이트에게로 돌아가는 것이다.

오이디푸스 콤플렉스

우리는 구조주의를 통하여 인간의

너무 재밌어서 잠 못 드는 철학 수업

사고가 무의식적 구조에 의하여 구성된다는 것을 배웠다. 그렇다면 인간의 사고를 규정하는 무의식은 어떻게 생성되는 것일까? 라캉은 오이디푸스 콤플렉스를 다시 해석하며 이를 설명하려 했다. 우선 그 설명 과정을 따라가 보자.

아이는 태어나면서 어머니와 자신을 하나라고 여긴다. 따라서 아이는 자신을 어머니와 동일시하며, 어머니의 욕망의 대상인 남근(男根:phallus)을 자신과 일치시킨다. 물론 이러한 동일시는 상상 속에서나 가능한 것이니 이때 아이는 상상계 속에 속해 있다.

하지만 이러한 상상적인 관계는 유지될 수 없다. 그 관계 속에 아버지가 등장한다. 이제 어머니-아이의 상상적 관계는 어머니-아이-아버지의 관계로 현실화된다. 그로써 아이는 더 이상 어머니의 욕망의 대상인 남근이 자신이 아님을 알게 되며, 자신이 남근이기를 욕망했다는 것조차 용납되지 않는다. 만약에 남근임을 계속 고집할 경우 거세당할지도 모른다는 위협을 느낀다. 따라서 아이는 이를 현실로 받아들이면서 '상징적인 거세'를 당하게 된다. 라캉은 이를 일차적 억압이라고 말했다.

라캉은 인간 주체가 형성되기 위해서는 반드시 이 과정을 거치지 않을 수 없으며, 바로 이러한 과정을 통해서 인간의 세계로 진입한다고 보았다. 그는 이 안에서 무의식의 형성 과정을 설명하려 했다. 좀 더 가보자.

아버지의
이름으로

이제 아이는 아버지를 인정함으로써, 자신의 욕망을 아버지의 욕망과 일치시키려 한다. 그렇다면 아버지는 아이에게 어떠한 존재인가?

라캉은 아버지를 생물학적인 존재로 설명하지 않고 '아버지'라는 상징으로 설명했다. 이때의 아버지는 사회적인 법의 상징이며, 문화적인 질서의 상징이다. 따라서 아버지는 아이가 상상계 속에서 가졌던 관계를 '안돼(non!)'라고 외치며 금지하고, 아이를 상징적인 질서의 세계로 진입시킨다. 라캉은 이때의 아버지를 생물학적 아버지와 구분하기 위하여 **아버지의 이름**(nom-du-père)라 했다.

아이는 **상상계**를 떠나 **상징계**로 돌입한다. 상징계는 '아버지의 이름(nom)'이 지배하는 세계, 즉 금지(non)의 세계이며, 법의 세계이고, 질서의 세계이다. (불어에서 이름(nom)과 금지(non)는 발음이 같다.)

인간의 구성 단계		특징
상상계	거울 단계	· 내가 아닌 것을 나라고 착각하는 단계 · 거울 속의 나 = 나 · 엄마 = 내 것
상징계	오이디푸스 단계	· 아버지에 의한 위협적 개입과 억압 · 아버지의 명령 → 나의 복종 · 엄마 ≠ 내 것

너무 재밌어서 잠 못 드는 철학 수업

라캉은 인간의 주체 구성 단계를 이처럼 '상상계'와 '상징계'로 구분했다. 혹은 상상계를 아이가 거울을 보면서 거울 속의 자신과 원래의 자신을 동일시하는 **거울 단계**로, 상징계를 신화 속의 오이디푸스처럼 자신의 분열을 경험하는 **오이디푸스 단계**로 설명하기도 했다.

타자의
욕망

아이가 상징계 속에 돌입한다고 해서 자신의 욕망이 사라지는 것은 아니다. 비록 상징적인 거세를 당했지만, 이 욕망의 결핍을 채우고자 끊임없이 다른 욕망의 대상을 찾는다. 아이는 인정받기 위하여 부단히 노력한다. 어머니에게 인정받기 위하여 어머니가 원하는 행동을 하기도 한다. 착한 아이, 공부 잘하는 아이, 말 잘 듣는 아이가 됨으로써 어머니의 욕망을 채우려고 한다.

하지만 이 욕망은 원래의 욕망이 아니다. 그것은 일차적인 억압을 통하여 생겨난 결핍을 채우려는 **결핍된 욕망**이며, 남에게 인정받기 위한 **인정 욕망**이고, 그런 의미에서 **타자의 욕망에 대한 욕망**이자 궁극적으로는 **타자의 욕망**이다.

이 욕망은 상징적 질서 속에서 채우려는 욕망이기에 결코 근원적 결핍을 채울 수 없다. 욕망은 끊임없이 결핍을 채우기 위하여 자리를 옮기지만 머물 대상을 찾지 못한다. 욕망은 끝없이 전개된다. 예를 들어 어머니에서 여자 친구로, 여자 친구에서 애인으로, 애인에서 아내로, 아내에서 자식으로. 라캉은 이를 **욕망의 환유**라고 말했다.

언어학적
정신분석

라캉은 오이디푸스 콤플렉스를 설명하면서 주체의 형성 과정을 설명했다. 그런데 주체의 형성 과정은 무의식이 작동하는 과정이다. 그렇다면 이전까지 설명불가능한 영역으로 치부되어 온 무의식 역시 비슷한 방식으로 설명할 수 있는 것은 아닐까? 이 물음이 바로 정신분석학과 구조주의 언어학이 만나는 지점이다.

라캉은 무의식 역시 언어처럼 구조화되어 있으며, 때문에 무의식 역시 언어적인 구조 속에서 작동한다고 주장했다. 더 나아가 언어야말로 무의식의 존재 조건이며, 언어가 없다면 무의식도 없다고 주장했다. 이러한 주장은 어떻게 가능한가?

라캉은 프로이트의 무의식에 대한 분석과 구조언어학의 유사성을 들어 이를 설명한다. 프로이트는 『꿈의 해석』에서 "꿈은 무의식에 이르는 왕도"라고 말하고, 꿈의 작동 원리에 대하여 설명했다. 잠재몽은 현재몽으로 드러나는 과정에서 **응축과 치환**을 수행한다. 예를 들어 한 여인의 형상에 어머니, 누이, 애인 등 유사성을 갖는 여러 모습이 나타나는 것은 **응축**이며, 남자의 성기 대신 그에 인접한 뾰족한 막대기나 바위 등으로 대체되는 것이 **치환**이다. 그런데 이 응축과 치환 과

너무 재밌어서 잠 못 드는 철학 수업

정은 바로 구조수의 언어학에서 나타나는 **계열관계**(은유)와 **연쇄관계**
(환유)에 상응한다. 즉 프로이트는 무의식의 분석을 통하여 이미 구조
언어학을 예견하고 있다고 볼 수 있다. 다음 도표를 참조하자.

프로이트	응축	치환
소쉬르	계열관계	연쇄관계
야콥슨	은유(유사성)	환유(인접성)

　이러한 상응 관계에서 도출될 수 있는 결론은 무의식 역시 은유와
환유라는 언어학적 능력이 없다면 자신의 작업을 수행할 수 없다는
것이다. 즉 언어야말로 무의식이 존재할 수 있는 조건이 된다. 바로
이러한 발견이 정신분석학과 언어학이 만나는 지점이며, 이로 인해
정신분석학의 혁명적 전환이 이루어진다.

미끄러지는
기표

　　　　　　　　따라서 이제 우리는 구조언어학적
방법을 통하여 무의식을 잘 설명할 수 있다. 구조언어학에 의하면 언
어는 기표들에 의해 구조화된 질서이다. 한편 기표(시니피앙)와 기의
(시니피에)의 관계는 자의적이다. 구조언어학의 창시자 소쉬르는 기표

와 기의가 비록 자의적인 관계이지만, 우리는 기표를 통하여 기의에 이를 수 있다고 보았다.

하지만 라캉은 여기서 한 걸음 더 나간다. 라캉은 무의식이 기표를 통하여 드러나지만 그 과정에서 은유와 치환 등의 작업을 하기 때문에 우리는 결코 기의에 도달할 수 없다고 보았다. 이를 라캉은 S/s라고 표시했다. S(시니피앙)는 기표를 의미하며, s(시니피에)는 기의를 의미한다. 하지만 이 기표와 기의는 건널 수 없는 장벽인 /(bar)를 사이에 두고 있다. 따라서 기표는 기의에 이르기 위하여 무수히 많은 작업을 수행하지만 결코 기의에 이르지 못하고 수많은 기표들 사이로 옮겨 다닐 뿐이다. 라캉은 이를 **기표의 미끄러짐**이라고 불렀다.

분열된 주체

이러한 기표와 기의의 관계는 상징계와 상상계에 대한 관계로 바꾸어볼 수 있다.

언어가 기표들에 의해 구조화된 질서라고 했을 때, 기표를 사용한다는 것은 '상징계', 즉 상징적인 질서 속으로 들어간다고 볼 수 있다. 그런데 이 기표가 기의에 이르지 못하기 때문에, 인간은 기표를 사용하자마자 자신의 분열을 경험하게 된다. 즉 원래의 자신과 기표로 표현된 자신 사이의 벽을 느끼는 것이다. 따라서 기표를 사용하면 불가분 분열을 발생시키는 억압적인 상황을 연출하게 된다. 심리분석학

너무 재밌어서 잠 못 드는 철학 수업

적으로 표현하자면 상징적인 거세에 해당되는 이러한 상황을 라캉은 일차적 억압이라고 말했다.

바로 이 분열의 과정, 억압의 과정이 주체 형성의 과정이며, 무의식이 주체 내부에 자리잡는 과정이다. 이제 언어를 사용하는 인간은 결코 원래의 자신에 이르지 못한다. 대신 인간은 이 소외를 통해서만 주체를 형성할 수 있다.

타자의
담론

이제 인간의 자리가 확인되는 듯하다. 인간은 언어를 사용한다. 따라서 인간은 기표 속에서 자신을 형성할 수밖에 없다. 하지만 언어는 인간에 의해서 형성되는 것이 아니다. 즉 기표는 **타자**(l'Autre)다. '상징계'의 질서다. 무의식은 바로 이 원래의 인간과 기표 사이에서 형성된다. 그런데 무의식 역시 언어를 전제로 구조화될 수밖에 없기 때문에 언어 속에 있다. "무의식은 타자 속에서 말한다." 다시 말해 "무의식은 타자의 담론(discours de l'Autre)이다."

언어적 구조 속에서 형성된 무의식은 나의 욕망을 전달하는 것이 아니라 '타자의 욕망'을 전달하며, 따라서 나는 항상 결핍을 경험한다. **존재의 결핍**(manque-à-être)!

나의 자리는 어디인가? 그것은 타자가 지정해준 자리이다. 나는 나의 욕망을 실현할 수 있는가? 그것은 절대 불가능하다. 인간은 누구나 상징적 질서를 통하여 자신을 드러낼 수밖에 없으며, 그러한 드러냄 조차도 언제나 불완전하다. 나는 미끄러진다. 한곳에 머물 수 없다.

탈출구 – 실재계의 즐거움

이제 처음에 인용했던 "내가 존재하지 않는 곳에서 나는 생각하고, 내가 생각하지 않는 곳에 나는 존재한다"는 라캉의 말이 이해될 것이다. 인간은 타자의 담론 속에서 생각할 수밖에 없으며 결코 자신의 욕망을 온전히 드러낼 수도 없는 존재인 것이다.

우리가 상징계로 진입을 하는 한 우리의 원초적 욕망은 억압된다. 우리는 타자의 욕망을 욕망할 뿐이다. 그러나 타자의 욕망을 욕망할수록 우리는 끊임없는 결핍과 갈망에 휩싸인다. 한편 타자는 과연 욕망을 충족하고 있는가? 타자 역시 상징계 안에서 결핍을 겪을 수밖에 없는 것 아닌가?

말년에 라캉은 상상계와 상징계만으로는 인간의 욕망을 해석하는데 부족함을 느꼈다. 그래서 그는 상징계 안에서는 출현이 불가능한 **실재계**(The Real)를 구상한다. 그리고 이렇게 말한다. "충동이 있는 실재계의 차원에 주체가 자리 잡아야 한다." 라캉은 실재계가 무엇인지는 자세히 밝히지 않았다. 하지만 그것은 상징계의 결핍된 욕망에 만족하는 것이 아니라, 상징계에서도 제어할 수 없는 **충동의 즐거움**(주이상스, jouissance)을 찾아내는 것이리라.

그것은 주어진 질서 안에서 누리는 안전한 즐거움이 아니라, "나는 소망한다. 내게 금지된 것을"(폴 엘뤼아르, 「커브」)이라고 읊었던 시처럼 주어진 길을 이탈하여 위험하지만 새로운 길로 들어서는 작은 혁명적 몸짓이 아닐까? 견고한 구조의 틀 속에 갇혀 있는 인간의 삶을 탈출시키는 혁명적 경험을 맛볼 수 있는 세계가 아닐까?

알튀세르
이름 부르기의 철학

경제적 변증법은 결코 순수
상태에선 움직이지 않는다.
처음부터 끝까지 '최종심급'
이라는 고독한 시간은 결코
오지 않는다.

미래는 오래 지속된다, 알튀세르

　　루이 알튀세르(Louis Althusser)는 1918년 알제리에서 태어났다. 권위주의적 아버지와 병적 공포에 시달리는 어머니 사이에서 자라난 그는 성장 과정에서 정신적으로 심한 외상을 입었다. 이 정신적 외상은 그의 삶의 전반에 걸쳐 중요한 영향을 미친다. 알튀세르는 어릴 적 학업은 우수하였으나 다른 아이들과 잘 사귀지 못했고 젊은 시절부터 우울증에 시달렸다. 이 우울증 증세로 인하여 그는 40여 년 동안 20여 차례 정신병원 신세를 진다.

　　2차 대전으로 인하여 포로가 된 알튀세르는 전쟁이 끝날 때까지 포로수용소에서 지내다가, 전쟁 후인 1945년 윌름 고등사범학교 철학과에 입학하여 지도교수인 바슐라르 밑에서 수학한다. 1948년 철학교수 자격시험에 합격하여 고등사범학교 철학과 강사로 임명된다. 거기서 그는 미셸 푸코 등을 제자로 맞았다.

　　같은 해 알튀세르는 프랑스 공산당에 입당했다. 그는 공산당 내에서 스탈린주의와 당내 제반 문제 등에 대한 비판으로 많은 물의를 일으켰지만, 1980년까지 당을 떠나지 않았다.

한편 그는 전후 프랑스에 만연한 실존주의적 흐름에 반기를 들고 마르크스주의를 인간주의적으로 해석하려는 모든 시도와 대결했다. 그는 인간이 역사의 주체가 될 수 없다고 생각했고, 구조주의와 결합해 마르크스주의를 재구성했다. 그러나 그는 단순히 마르크스를 교조적으로 해석한 것이 아니라 고전과 당대의 다양한 지식들을 동원하여 그 맥락을 넓히는 데 집중했다. 스피노자, 그람시, 바슐라르, 라캉 등의 사유가 적극적으로 사용되었다.

1968년 5월 프랑스에서 발생한 전국적인 시위는 알튀세르를 고무시켜 초기의 이론 중심적 경향에서 계급투쟁의 구체적인 양상을 연구하게 했다. 한편 사회적으로는 프랑스 공산당의 극좌와 우경화의 양편향에 맞서 당내 투쟁을 전개했다. 1978년에 발표한「마침내 마르크스주의의 위기가!」와「당 내에서 더 이상 지속될 수 없는 것」등은 이러한 투쟁의 산물이다.

그러나 그의 우울증과 정신착란 증상은 나날이 악화되었고 1980년 알튀세르는 아내를 교살했다. 이로 인하여 그는 정상인의 권리를 박탈당하고 후견인의 보호 아래 놓이게 된다. 이때부터 1990년 10월 사망하기까지 10년간 그는 더 이상 어떤 사회 활동도 이어나가지 못했다. 하지만 알튀세르는 이 시기에 그의 생애를 총괄하고 사상적 배경을 서술한『미래는 오래 지속된다』를 집필하여 다시금 세간에 충격을 주었다.

너무 재밌어서 잠 못 드는 철학 수업

그의 저서로는 『마르크스를 위하여』(1965), 『자본론 읽기』(1965), 『레닌과 철학』(1968), 『철학과 과학자의 자생적인 철학』(1973), 『입장』(1976) 등이 있다.

마르크스로 돌아가자:
인식론적 단절

2차 대전이 끝나고 실존주의 경향이 강하게 대두되면서 발생한 마르크스주의 내의 변화는 바로 '인간주의적 마르크스주의'에 대한 강조였다. 또한 마르크스의 초기 저작에 대한 연구가 활발히 진행되면서 헤겔과 포이에르바하가 복권되기 시작했다. 알튀세르는 이러한 인간주의와 헤겔주의가 비과학(이데올로기적) 요소이며, 이를 마르크스주의의 과학적 요소와 확실히 분리해야 한다고 생각했다. 이러한 분리의 선을 긋는 것, 그것이 바로 "마르크스로 돌아가자"는 알튀세르의 요체였다.

왜 인간주의와 헤겔주의는 비과학적인가? 왜 알튀세르는 인간주의와 헤겔주의의 복구를 반대했는가? 알튀세르가 보기에, 마르크스는 인간주의를 이미 계급투쟁이라는 과학적 개념을 통하여 극복하였는데 이를 다시 현실에서 복구시키는 것은 계급투쟁을 약화시키는 부르주아 이데올로기를 반영하는 것이었다. 또한 헤겔주의는 마르크스의 역사유물론을 부정하고, 역사유물론의 과학적 개념들인 생산력/생산관계, 토대/상부구조 등으로 파악한 '구조화된 복합적 전체'를 하나의 단일한 모순, '표현적 총체'로 귀결시킴으로써 본질주의적 이데올로기로 후퇴시키는 것이었다.

물론 마르크스 역시 초기에는 포이에르바하의 인간주의와 헤겔의 변증법에 영향을 받았다. 이러한 영향은 비록 새로운 사고방식이라 할지라도 새로운 틀이 없을 경우에는 낡은 틀 안에서 사고해야 하는 어쩔 수 없는 한계다. 하지만 이론적 실천을 통하여 새로운 틀을 생산해내고 나서는 낡은 틀의 효용성은 소멸된다.

이에 알튀세르는 마르크스의 초기 저작과 후기 저작을 구분하면서 이들 사이에는 '인식론적인 단절'이 있으며, 이 단절을 통해서 마르크스는 초기의 인간주의적, 헤겔주의적 경향을 벗어나 반인간주의적, 역사유물론적 과학 이론을 생산할 수 있었다고 주장했다.

그렇다면 **인식론적 단절**(epistemological break)이란 무엇인가? 이 용어는 바슐라르가 사용한 것으로, 이전의 지식과 새로운 지식 사이에는 불연속성(단절)이 존재하며, 새로운 지식은 새로운 **문제틀** 속에서 작동한다는 원리를 뜻한다. 따라서 새로운 지식을 이전의 지식의 발전 선상에서 분석하려는 모든 시도는 부정된다.

인식론적 단절과 문제틀이라는 개념을 작동시켜서 알튀세르가 노렸던 효과는 분명하다. 그는 마르크스주의 내의 비과학(이데올로기)과 과학을 구분하고, 과학적인 마르크스주의 영역에 비과학적 요소(이데올로기)가 침범하는 것을 막으려 했다. 알튀세르는 과학적 마르크스주의를 **이론적 반인간주의**라고 정의했다.

중층
결정

또한 알튀세르는 마르크스주의 내의 경제주의를 비판한다. 경제주의는 마르크스의 이론의 핵심이 생산력의 발전에 따른 역사 변화이며, 그런 의미에서 경제가 모든 것을 결정한다는 논리이다. 알튀세르가 보기에 이러한 해석으로는 상부구조(정치/사회 영역)의 능동성과 토대(경제 영역)와의 상호작용을 포착할 수 없었다. 알튀세르는 상부구조가 '상대적 자율성'을 가지고 있으며, 토대에 능동적인 영향을 미친다고 보았다. 물론 알튀세르는 생산력과 생산관계의 변화가 가장 중요한 결정을 한다는 토대의 '최종심급에서의 결정'을 인정했다. 하지만 이러한 결정조차도 토대 혼자서 순수하게 내리는 것이 아니다.

경제적 변증법은 결코 순수 상태에선 움직이지 않는다. 상부구조라는 이 심급들이 작업을 마치고 제각기 흩어져버리거나, 아니면 때가 됐다고 경제폐하에게 변증법의 왕도를 따라 나아가도록 하기 위해 순수 현상으로 사라지는 것을 역사 속에선 결코 찾아볼 수 없다. 처음부터 끝까지 '최종심급'이라는 고독한 시간은 결코 오지 않는다.

이처럼 알튀세르는 경제주의가 모순을 단순한 하나의 회귀를 통하여 해결하려 했다는 점에서 비판하고, 토대와 상부구조의 관계에서 발생하는 다양하고 복잡한 모순들을 구조적 전체 속에서 해명하려

했다. 이를 위해 알튀세르는 프로이트의 정신분석학 개념인 **중층결정**
(overdetermination)을 도입한다. (프로이트는 잠재몽이 현재몽으로 드러나는 꿈의
작업과정에서 응축/치환/대리표상 등 여러 개의 작업이 중층적으로 수행된다는 것을
나타내기 위하여 '중층결정'이라는 용어를 사용했다.) 알튀세르는 중층결정이
라는 개념을 도입하여 사회가 단일한 모순이 아니라 다양한 모순, 결
정적인 모순이 아니라 복합적 모순을 통하여 드러난다는 것을 표현
하고자 했다.

재생산의
관점

예를 하나 들어보자. 김 씨는 공장
에서 일을 한다. 그는 집안의 가장으로서 성실하게 일하지만 사장이
주는 월급은 항상 부족하다. 기분대로라면 그만두고 싶지만 막상 그
만둔다고 생각하면 앞날이 막막하다. 집안에서는 난리가 날 것이고,
동료들은 무책임하다고 비난할 것이다. 한편 매스컴에서는 세계화다,
"내가 일류면 나라가 일류!"다, "당신의 경쟁상대는 누구냐"며 선진사
회의 일꾼으로써 살아갈 것을 큰 목소리로 계속해서 떠들어댄다. 듣
다 보면 세계 경쟁에서 살아남으려면 좀더 허리띠를 졸라매고 열심
히 일해야 할 것 같다. 김 씨는 일을 그만두고 싶다는 망상을 지우고
다시 공장으로 간다. 그렇게 또 다른 하루가 시작된다.

생산력이 증가하려면 노동력이 필요하다. 노동력을 재생산하기 위

해서는 임금이 필요하다. 하지만 그것으로는 충분하지 않다. 이는 노동자/자본가라는 **생산관계**가 유지되어야만 가능하다. 만약에 이 생산관계가 안정적이지 않다면 생산력의 발전은 보장되지 않는다. 따라서 자본주의사회는 안정적인 생산력의 발전을 위해서 안정적인 생산관계를 계속해서 재생산해야만 한다. 상부구조가 작동하는 지점이 바로 이곳이다. 김 씨가 계속해서 일하며 노동자의 역할을 하는 이유가 여기에 있다.

알튀세르는 한 사회의 생존의 필수요건이 바로 이 **재생산**에 있다고 보았다. 따라서 이 재생산의 관점에서 사회를 바라볼 때 사회 전체를 온전히 해명할 수 있다고 생각했다. 그런데 재생산은 생산의 영역에서만 이루어지는 것이 아니다. 즉 토대뿐만 아니라 상부구조의 활동과 그 효과를 고려해야만 한다. 따라서 **재생산의 관점**은 우리의 시각을 토대의 영역에 국한시키지 않고 상부구조로 이동시킨다.

국가기구의
역할

생산관계의 재생산을 가능하게 하려면 국가권력을 행사해야 한다. 국가는 다양한 국가기구들을 통하여 자신의 권력을 행사한다. 알튀세르는 이 국가기구들을 크게 **억압적 국가기구**와 **이데올로기적 국가기구**로 구분했다. 억압적 국가기구는 군대나 경찰 등을 지칭하며, 이데올로기적 국가기구는 종교, 교육

(학교), 가족, 법률, 정치(정당), 조합, 매스컴, 문화(문학·예술·스포츠) 등을 가리킨다. (이러한 구분법은 그람시의 국가/시민사회 구분법과 유사하다고 볼 수 있다.)

모든 국가기구는 억압과 이데올로기로써 기능한다. 다만 차이가 있다면, 억압적 국가기구가 주로 억압으로써 대대적으로 기능하는 반면, 이데올로기적 국가기구는 주로 이데올로기로써 대대적으로 기능한다는 것이다.

억압적 국가기구가 강제력을 가진다면, 이데올로기적 국가기구는 어떻게 기능하는 걸까? 알튀세르는 이데올로기란 사람들에게 사회적 위치와 역할을 부여해 스스로 주체라고 믿게 한다고 보았다. 예를 들어 우리는 태어나면서부터 가족에게, 학교에서, 매스컴에게 일하고 세금을 내는 것이 시민의 도리라고 세뇌당한다. 일하는 대신 도둑질을 한다면 경찰이라는 억압적 국가기구에 구속되겠지만 그에 앞서서 생산자의 틀에 맞도록 이데올로기적 국가기구를 통해 양성된 것이다.

따라서 생산관계의 재생산은 바로 이러한 국가기구들에 의하여 보장된다. 물론 사회 발전에 따라 각 국가기구들의 역할이 비중을 달리하게 된다. 예를 들어 중세에는 교회라는 이데올로기적 국가기구가 커다란 영향을 발휘했다. 하지만 근대에는 교육 이데올로기적 국가기구가 큰 힘을 발휘한다고 볼 수 있다. 하지만 그것이 어떤 이데올로기

너무 재밌어서 잠 못 드는 철학 수업

적 국가기구든 간에 그 결과는 동일하다. 생산관계의 재생산!

이데올로기는
역사를 갖지 않는다

이상의 논의를 전제한다면, 한 사회 속에 살고 있는 인간은 모두 이 국가기구의 억압과 이데올로기 속에서 살아갈 수밖에 없는 존재다. 알튀세르는 이를 좀 더 구체적으로 전개하면서 자신의 **이데올로기론**을 구성한다.

논문 「이데올로기와 이데올로기적 국가기구」에서 알튀세르는 **이데올로기**를 다음과 같은 테제로 제시한다.

① 이데올로기는 역사를 갖지 않는다.
② 이데올로기는 그들의 실재 조건에 대한 개인들의 상상적인 관계를 표현한다.
③ 이데올로기는 물질적 존재를 갖는다.
④ 이데올로기는 개인들을 주체로써 호명한다.

우선 '이데올로기는 역사를 갖지 않는다'는 테제.

알튀세르는 계급입장을 표현하는, 따라서 사회역사적 조건에 따라서 형성되는 특수한 이데올로기들(ideologies)과 이데올로기 일반(Ideology in General)을 구분한다. 역사를 갖지 않는 이데올로기 일반에 대한 구상은 프로이트(라캉)의 발상에 따른 것이다. 프로이트는 "무의식은 영원하다"라고 말했다. 마르크스에게 '이데올로기'는 과학과는 대비되는 '허위의식'으로 극복되어야 할 것이지만, 알튀세르에게 '이데올로기 일반'은 인간 형성의 필수불가결한 조건이며 따라서 영원하다. 이러한 발상의 전환은 이데올로기를 '일시적인 것'으로 취급하는 마르크스의 경향과 대립한다.

다음으로 '이데올로기는 그들의 실재 조건에 대한 개인들의 상상적인 관계를 표현한다'는 테제.

이데올로기가 현실에 그대로 조응하는 것은 아니라는 측면에서, 우리가 받아들이는 이데올로기는 '상상적(imaginary)'이라고 말할 수 있다. 하지만 이데올로기를 통해서만 실재 조건을 관찰하고 '해석'할 수 있다는 측면에서 이는 본성적이다. 알튀세르는 이를 '상상적 본성'이라고 표현했다. 본성적이기에 이제 이데올로기는 임의적인 요소가 아니라 필연적 요소다. 인간은 어쩔 수 없이 현실을 왜곡해서 바라보게 된다. 그 왜곡의 원인을 찾아야 한다.

셋째, '이데올로기는 물질적 존재를 갖는다'는 테제.

물론 이데올로기가 총이나 칼처럼 물질성을 갖는다는 말은 아니다. 하지만 "펜은 칼보다 강하다"라고 했을 때, '펜'은 바로 이데올로기의 물질성을 나타내준다. 알튀세르는 말했다. "이데올로기는 항상 장치 속에, 그리고 그 실천 혹은 실천들 속에서 존재한다. 이 존재는 물질적이다." 예를 들어 종교의 경우, 종교를 믿는 사람들은 교회가기, 무릎꿇기, 기도하기, 회개하기, 헌금내기 등의 의식을 행한다. 이 모두가 물질적 실천들인 것이다. 이를 알튀세르는 "이데올로기에 의하지 않고 이데올로기 아래 있지 않은 실천이란 없다"는 테제로 다시 한번 정리한다.

이름 부르기

　　　　　　　　　　　이제 마지막 하나가 남았다. '이데올로기는 개인들을 주체로써 호명한다'는 테제.

　알튀세르는 주체와 연관되어 "주체에 의하지 않고 주체들을 위하지 않는 이데올로기는 없다"라고 말한다. 즉 이데올로기가 구성되기 위해서는 '주체'가 필요하다는 뜻이다. 그렇다면 인간 주체가 이데올로기를 구성한다는 말인가? 아니다. 정반대로 "모든 이데올로기가 구체적 개인들을 주체로 '구성하는' 기능-그것이 이데올로기를 규정한다-을 가지는 한에서만, 주체의 범주는 모든 이데올로기를 구성한다."

　그렇다면 어떻게 이데올로기는 주체를 구성하는가? 여기서 그 유명한 **이름 부르기**(呼名) 개념이 등장한다.

　우리는 많은 것들을 당연하게 여긴다. 학교에서 출석을 부를 때 우리의 이름이 불려지면, 당연히 대답을 한다. 하지만 우리의 대답 속에는 여러 가지 의미가 담겨 있다. 우선 '학생' 신분으로서 '부모님 말씀을 잘 들어야 한다'느니, '공부를 열심히 해야 한다'느니, '자기 몫을 하고 살려면 성실해야 한다'는 등의 담론이 포함되어 있는 것이다. 이러한 예는 수없이 많다. 군대에서 상관이 부하의 이름을 불렀을 때, 길거리의 경찰이 "야, 거기!"라고 말했을 때, 가족에서 부모님이 "___야!"라고 말했을 때, 우리는 이에 응답함으로써 우리의 자리는 결정된다. 우리는 '주체'로 호명된 것이다.

이처럼 이데올로기는 우리의 자리를 지정해주고, 그 자리가 우리에게 의심할 여지없이 자명하다는 것을 받아들이게 한다. 우리를 부르는 것이 무엇이건, 그것이 국가든, 학교든, 가족이든 상관없이 우리는 주체가 된다. 이를 알튀세르는 **큰 주체**(Sujet)(라캉적으로 표현하면 타자(l'Autre))와 **개별 주체**(sujet)의 관계로 설명한다.

개인은 '주체(Sujet)'의 명령들에 자유롭게 종속되도록, 그러므로 그의 종속을 자유롭게 받아들이도록, 그러므로 종속의 제스처와 행위들을 '완전히 혼자서 수행'하도록, 자유로운 주체(sujet)로 호명된다. 오직 종속에 의해 그리고 종속을 위해서만 주체들은 존재하게 된다.

이름 부르기를 통해 알튀세르가 지적하는 것은 분명하다. 그것은 인간이 이데올로기에 의해 구성된다는 것, 그리고 그러한 이데올로기의 효과를 자명하게 받아들인다는 것, 그리고 그 '자명성'이야말로 바로 이데올로기의 효과라는 것, 그 결과 우리는 큰 주체에 종속된다는 것, 하지만 우리는 자유롭다고 생각(착각)한다는 것.

계급투쟁과
'주체 없는 과정'

이상의 논의에 입각해 보면, 인간은 이데올로기적 동물이며, 자연발생적으로 이데올로기 속에서 산다고 볼 수 있다. 또한 모든 이데올로기는 구체적인 개인들을 주체로 구성하는 기능을 가지고 있기 때문에 주체는 이데올로기가 구성한 장소에서 활동할 수밖에 없는 존재가 된다.

하지만 이러한 논의는 초기에 이데올로기와 과학을 구분하고, 과학을 옹호하려 했던 알튀세르의 태도와 멀리 떨어져 있다. 또한 현실 사회를 변혁하고 새로운 사회를 구성하려 했던 마르크스주의적 시도와도 차이가 난다. 만약에 우리가 현실 이데올로기에 의해서 구성된 주체라면 거기에서 변혁의 요소를 추출할 수는 없기 때문이다.

이러한 난점을 해결하기 위하여 알튀세르는 자신의 논의는 추상적 차원에서 진행된 것이라며, **계급투쟁의 관점**을 제시한다. 그는 계급투쟁의 관점에서만 왜 지배계급이 국가기구를 구성하는지, 그리고 그러한 국가기구가 변화하는지를 해명할 수 있다고 보았다. 그리고 이데올로기는 이데올로기적 국가기구 내부에서가 아니라 "계급투쟁 속에 사로잡힌 사회 계급들로부터, 그들의 존재 조건, 실천 그리고 투쟁 경험으로부터 발생한다."라고 주장했다.

또한 알튀세르는 계급투쟁 속에 있는 집합적 주체는 앞서 설명한 이데올로기적 주체와는 구분 지으며 역사는 바로 이 **주체 없는 과정** 속에서 이루어진다고 설명한다. 왜냐하면 역사는 개별적인 주체를 넘어서서 사회 전반을 고려해서만 해석될 수 있는 것이며, 그 사회 전반에 영향을 미칠 수 있는 힘은 개별적인 이데올로기적 주체가 아닌 **집합적 주체**의 계급투쟁의 과정 속에서 발생한다고 보았기 때문이다.

알튀세르는 큰 주체(Sujet)가 호명한 개인적인 주체(sujet)는 결국 현실 이데올로기에 사로잡혀 있으므로 결코 사회를 변혁시킬 수 없다고 보았다. 그래서 알튀세르는 현실 이데올로기에 대항하기 위한 계급투쟁의 새로운 주체로 집합적 주체를 상정한다. 이 집합적 주체는 계급투쟁의 과정에서 발생하기에 개인적 주체를 극복하는 주체이며, 그런 의미에서 주체 없는 과정, 즉 개인적 주체를 능가하는 과정이다. 앞서 사르트르가 자아와 타아의 개인적 투쟁의 난점을 계급투쟁이라는 집단적 투쟁으로 해결하려 했던 것과 유사하다.

종속/해방의 딜레마

마르크스주의의 과학성을 확립하려는 초기의 알튀세르부터 이데올로기론으로 대표되는 후기의 알튀세르까지 살펴보았다. 이상의 논의를 라캉과 함께 정리해보자.

라캉과 알튀세르는 각각 오이디푸스 콤플렉스와 이데올로기론을 통하여 인간이 주체로 형성되는 과정을 설명했다. 이러한 설명을 통하여 그들이 도달한 결론은 인간은 타자의 욕망(라캉), 큰 주체(알튀세르)에 종속될 수밖에 없다는 것이다. 라캉의 '상상계'와 '상징계'의 구

너무 재밌어서 잠 못 드는 철학 수업

별, 알튀세르의 '상상적 관계'등의 개념은 원래의 주체와 왜곡된 주체를 구분하는 개념적 도구였다.

이러한 사유의 공통점은 양자가 모두 인간 주체가 무의식/이데올로기를 구성하는 것이 아니라 오히려 무의식/이데올로기가 주체를 구성한다는 것이다. 따라서 인간 주체는 이러한 종속의 과정에서 벗어날 길이 없다. 무의식/이데올로기는 주체 구성의 전제조건이기 때문이다. 인간이 되기 위해서 어쩔 수 없이 거쳐야 하는 관문!

그렇다면 인간은 이 종속의 테두리에서 벗어날 길이 없는가? 이러한 물음에 답하기 위하여 알튀세르는 '계급투쟁의 관점' 속에서 '집합적 주체'와 '주체 없는 과정'이라는 개념을 도입했다. 계급투쟁은 인간이 자신을 가두고 있는 틀을 벗어날 수 있는 역동적 계기를 제공한다는 것이 알튀세르의 입론이다.

하지만 이러한 '집합적 주체'가 어떻게 주체가 형성되기 위해서는 어쩔 수 없이 거쳐야 하는 이데올로기 과정에서 생략될 수 있는지, 또한 이데올로기로부터 자유로운 실천을 통하여 '주체 없는 과정'에 돌입하는 지는 의문점으로 남겨놓고 있다.

종속/해방의 이 딜레마는 구조주의적 사고를 수행하는 모든 철학자들에게 닥치는 문제인 듯하다. '구성된 주체'가 어떻게 자신의 틀을 벗어날 수 있는 것인가? 이 종속/해방의 딜레마를 풀어가기 위해서 우리는 푸코를 거쳐 들뢰즈까지 가야 한다.

푸코
지식은 권력이다

자기를 배려할 줄 아는 삶은
자기만의 스타일, 자기만의
미학을 갖게 된다.

우리는 라캉과 알튀세르를 통하여 주체의 형성 과정을 살펴보았다. 그리고 그러한 과정이 바로 무의식의 형성 과정이며, 이데올로기가 작동하는 과정임을 알게 되었다. 그들의 사고에 입각해보면 주체의 해방은 결국 불가능한 것으로 귀결된다. 정말 해방의 가능성은 없을까?

푸코가 출발하는 곳이 바로 그 지점이다. 그는 사회적 질서가 형성되는 과정에서 배제된 영역, 즉 광기의 영역, 감옥의 영역, 성의 영역 등을 탐구하여 **타자의 담론**을 복구시킨다. 또한 사회적 질서의 형성 과정을 역사적으로 추적해 그러한 질서 역시 단절에 의해 형성된 상대적인 영역임을 주장한다.

자신의 철학을 **바깥의 사유**(la pense du dehors)라고 이름 붙였던 푸코. 사르트르 이후 프랑스 최고의 철학자라는 영예를 안았던 철학자. 하지만 사르트르와는 정반대에 위치했던 철학자. 이성과 광기, 정상과 비정상의 경계를 허물고 새로운 방식의 사고를 이끌어낸 철학자, 미셸 푸코.

그는 우리가 너무도 당연하게 여겨왔던 사고의 질서를 무너뜨리

고, 우리의 삶에 미세하게 퍼져 있는 권력을 들춰내어 새로운 저항방
식을 일깨워준다. 그로 인하여 우리의 삶이 혼돈이 일어날지라도 그
를 기꺼이 우리의 자리에 초대하자.

남성을
지워버린 남자

미셸 푸코(Michel Foucault)는 프랑스
의 지방도시 푸아티에에서 1926년에 태어났다. 그의 본명은 폴-미셸
푸코였다. 부모님 모두가 의사였기 때문에 아버지는 그가 가업을 잇
기를 기대했다. 하지만 자식은 겉낳지 속낳지 않는다는 옛말처럼 그
는 의사의 길을 가지 않았다. 더욱이 나중에 자신의 이름에서 '폴'을
떼어버린다. 아버지와 결별을 선언한 것이다.

중학교 때 낙제한 경험은 있지만 그는 줄곧 우등의 자리를 놓치지
않고 프랑스의 최고 대학인 파리 고등사범학교에 입학한다. 대학에서
그는 캉낄렘, 루이 알튀세르 등에게 지도받는다.

1950년에 공산당에 가입하지만 당의 교조성에 불만을 품고 1953
년에 탈당했다. 1960년에 과학사가 조르주 캉낄렘의 지도 아래 박사
학위를 받았다. 1962년에는 클레몽-페랑 대학의 철학 교수로, 1968
년에는 뱅센느 대학 철학과 학장으로, 마침내 1970년 프랑스 최고교
육기관인 콜레주 드 프랑스에서 사상체계사 교수로 임명되어 활동했
다. 그의 연구 활동은 사람들이 기피하고 싶어 하는 영역—광기, 감옥,

　　　　　　　　너무 재밌어서 잠 못 드는 철학 수업

병원, 성 등—을 오히려 파고들며 혁신적인 연구를 펼치던 그는 1984
년 에이즈로 사망했다.

그의 학문적 독특함은 저서의 제목만 보아도 두드러진다. 최초의
저서『광기와 문명』(1961), 지식의 기원과 역사에 집중했던『임상의학
의 탄생』(1963),『말과 사물』(1966),『지식의 고고학』(1969), 그리고 권력
을 깊이 탐구한『감시와 처벌』(1975),『성의 역사 1: 앎의 의지』(1976),
마지막으로 주체의 문제를 다루고 있는『성의 역사 2: 쾌락의 활용』
(1984),『성의 역사 3: 자기에의 배려』(1984) 등이 있다.

천재의 영감
푸코의 사생활

푸코는 동성애자였다. 그는 자신이 동성애자임을 알았지만, 프랑스의 현실은 동
성애를 받아들이지 않았다. 과연 자신은 잘못 태어난 사람인가? 동성애는 질병
인가? 나는 어떻게 살아야 하는가?
이러한 질문들은 푸코를 평생 따라 다녔고, 푸코의 저작들은 직간접적으로 이에
대한 탐색과 관련되어 있다. 푸코가 주로 연구했던 주제들을 보면 광인, 병자, 감
옥에 갇힌 사람, 성의 문제들이다. 특히 푸코의 마지막 작업들은 모두 성과 관련
된 책들이다. 푸코는 노동자보다 복장 도착자, 동성애자, 페미니스트들과 더욱 가
깝게 지냈다.
1966년 푸코가 프랑스를 떠나 튀니지로 갔을 때, 푸코는 해방감을 느꼈다. 그곳
에서는 동성애가 아무런 문제도 되지 않았기 때문이다. 그는 그곳에서 학생들과
친하게 지냈고, 학생운동에 관여하기도 했다. 그는 조금은 편안해진 상태로 프랑

다니엘 드페르와 미셸 푸코

스에 돌아왔다.

푸코는 1975년 미국의 샌프란시스코를 여행하면서 그 도시의 활발한 게이 공동체를 방문하고 매력을 느꼈다. 푸코는 그곳에서 '한계 경험'을 체험했다. 그 한계 경험은 지적인 약진과 새로운 돌파구를 마련해주었다. "내가 진정한 즐거움이라고 생각한 것은 아주 깊고 강렬하고 압도적이어서 내가 대항할 수 없는 어떤 것들이다. (…) 그것은 죽음과도 관련되어 있다."

푸코는 환각제인 LSD도 시도했다. 환각제는 그의 정신을 극한으로 몰고 갔다. "하늘이 폭발했다. 그리고 별들이 내게로 쏟아져 내렸다. 이것이 사실이 아님을 나는 알지만, 이것은 진실이다. (…) 나는 아주 행복하다. 나는 나 자신에 대한 새로운 시각을 얻었다. 나는 이제 나의 섹슈얼리티를 이해한다."

푸코는 다양한 남자들과 연인으로 지냈다. 푸코는 20년 넘게 사회학자이자 철학자인 다니엘 드페르와 동거했다. 그는 푸코가 죽자 프랑스에서는 최초로 에이즈 인권단체인 AIDES를 만들어 에이즈 환자들을 도왔다. 그리고 푸코의 전기를 집필한 디디에 에리봉도 푸코의 연인으로 알려져 있다. 한편 구조주의 철학자인 롤랑 바르트와도 연인 관계였음이 밝혀졌는데, 이는 바르트 사후에 출판된 『작은 사건들』(1987)을 통해서 알려졌다.

시선의
문제

최근 들어 동성애 문제가 이슈다. 동성애 페스티벌에 자연스럽게 참가하여 그들과 함께 행진을 하는 사람이 있는가 하면, 보수매체에서는 연일 이에 대해 부정적 논평을 하고 있다. 보수 기독교 단체에서는 아예 동성애는 교회 안에서 근절되어야 한다면서 성직자뿐만 아니라 교인조차도 징계의 대상으로 낙인찍고 있다. 물론 진보적인 기독단체는 하느님의 무조건적 사랑을 이야기하며 이들을 적극 수용하려는 움직임도 보이고 있다. 왜 이렇게 다양한 현상이 발생하는가?

그것은 각 집단이 서로를 바라보는 '시선'이 다르기 때문이다. 왜 시선이 다른가? 각각이 처해있는 사회적 조건과 언어적 조건이 다르기 때문이다. 우리의 시선이 정상/비정상을 가르는 기준이 된다. 그렇다면 정상/비정상을 가르는 이러한 시선은 어떻게 형성된 것일까?

푸코의 초기 작업은 바로 이러한 '시선의 문제'에 초점을 맞추고 있다. 그는 『광기와 문명』, 『임상의학의 탄생』에서 이 시선 때문에 생겨난 광기/문명, 비정상/정상, 동일자/타자의 나눔의 문제를 다룬다. 그는 임상의학의 탄생』에서 다음과 같은 말로 시작한다. "이 책은 공간, 언어, 죽음의 문제를 다룬다. 이 책이 다루는 문제는 곧 시선(視線)이다." 한편 그는 이러한 시선의 조건들이 어떻게 형성되는지, 그리고 시간적인 변화에 따라 어떻게 바뀌어가는지를 추적한다. 이러한 탐구 방법을 푸코는 '고고학'이라고 명한다.

돈키호테는 왜
풍차를 향해 달렸는가

세르반테스의 『돈키호테』는 우리에게 많은 웃음을 안겨준다. 왜 우리는 웃는가? 여기서 '웃기니까 웃지' 정도의 답을 준비하고 있다면 우리는 웃음의 정체를 알지 못하는 것이다. '생각하고 행동하는 게 엉뚱하니까' 정도를 답변으로 준비하고 있는 사람은 어느 정도 근사한 접근을 한 것이다. 하지만 '왜 엉뚱한가'라는 질문을 다시 한번 집요하게 던진다면?

푸코는 이 엉뚱한 질문을 진중하게 다룬다. 그에 의하면 돈키호테는 르네상스 시대의 **에피스테메**(episteme), 번역하면 '인식틀'에 지배를 받는, 과거에 사로잡힌 인물이기 때문에 우습다. 무슨 얘기인가. 그에 따르면 르네상스 시대는 사물의 유사성에 의하여 사고했던 시대이다. 예를 들면 뇌 모양을 닮을 호두를 먹으면 뇌가 좋아지고, 남성기 모양을 닮은 뱀을 먹으면 정력이 좋아진다는 식이다. 돈키호테가 풍차와 거인을 착각한 것 역시 '거대함'이라는 유사성에서 기인한 것이다.

에피스테메의
단절

푸코의 에피스테메는 라캉의 타자에 상응하는 것인데, 타자가 역사를 갖지 않는데 반해, 에피스테메는

너무 재밌어서 잠 못 드는 철학 수업

역사성을 갖는다는 점이 다르다. 이러한 차이점은 중요하다. 왜냐하면 라캉이 초역사적인 무의식적 구조를 강조함으로써 변화의 가능성을 찾지 못한 데 반해, 푸코는 그 역사성을 강조함으로써 무의식적 구조의 변화 가능성을 찾고 있기 때문이다. 푸코는 인간의 에피스테메가 역사적인 단절을 통하여 형성된다고 생각했다. 그에 따라 푸코는 인간의 인식을 형성하는 무의식적 에피스테메의 변화를 다음과 같이 정리했다.

르네상스 시대에는 사물의 '유사성'에 의하여 사물의 질서가 잡히던 시대이다. 위의 돈키호테가 그 예가 될 수 있을 것이다. 한편 16세기 고전주의 시대는 '동일성과 차이'를 분명히 하는 것으로 질서를 잡았는데, 생물을 동일성과 차이에 의하여 분류하였던 린네의 분류학이 그 예가 될 수 있을 것이다. 마지막으로 근대는 동일성과 차이를 넘어서는 '추상적 실체'를 통하여 질서가 확립되는 시대이다. 칸트의 물자체의 탐구를 떠올리면 이해하기 쉽다.

한 가지 더 언급하자면 푸코는 인식의 보증자요 사고의 중심인 '인간'이라는 개념은 근대 이후에 등장한 최신 발명품이며, 근대의 에피스테메에서만 정당성이 부여되는 역사적 개념이라고 보았다. 이어 그는 이 '인간' 개념이 구조주의가 형성된 이후 이미 붕괴의 과정을 걷고 있다고 말한다. 니체는 신의 죽음을 선포한 이래 이번에는 푸코가 '인간의 죽음'을 선포한다.

시기	에피스테메	예
르네상스 시대	유사성	호두 = 뇌
고전주의 시대	동일성과 차이	린네의 분류법
근대	추상적 실체	칸트의 물자체

인간의
죽음

인간의 죽음이라고? 그렇다면 푸코는 철학자라기보다는 차라리 예언가가 아닌가. 그는 인류가 핵폭탄이나 환경문제 등으로 곧 멸망하리라 예언한 것은 아니므로 이 말에 현혹되지는 말자. (물론 프랑스의 저널은 이 말을 대대적으로 퍼뜨렸고, 그 덕으로 어렵디 어려운 그의 책은 불티나게 팔렸다.) 그는 생물학적인 인간의 죽음을 이야기한 것이 아니다. 그가 겨냥한 것은 근대였다. 그렇다면 인간의 죽음이란 '근대적 인간의 죽음'이라고 해석하는 것이 오히려 정확할지도 모른다.

그의 책은 근대를 이야기하고자 하지만 정작 다루는 시대는 근대가 아니다. 그는 근대의 오늘을 이야기하기 보다는 근대라는 구조물이 필연이 아닌, 우연의 산물이며, 근대의 논리가 필연적 논리가 아닌 하나의 논리에 불과하다는 것을 역사적으로 탐구해 보여준다. 푸코의 작업을 고고학이나 계보학이라는 이름으로 부르는 것은, 그가 바로 철옹성인 것만 같은 이 사회의 구조를 캐들어가고, 그 작동 원리를 규명함하여 궁극적으로 해체하려 하였기 때문이다.

그런 의미에서 푸코의 고고학은 근대를 해체하기 위하여 근대라는 건물의 지도를 그리는 것에 비유할 수 있고, 계보학은 그 건물의 동력을 차단하기 위하여 동력을 추적하는 것에 비유할 수 있다. 자, 그럼 본격적인 해체 작업에 들어가기에 앞서 우선 우리의 사고방식이나 행동양식의 질서가 어떻게 잡혔는지 알아야겠다.

지식은 권력이다

"아는 것은 힘이다"라는 말이 있다. 이 말은 통상 앎에 대한 경구로 사용되어진다. 하지만 이 말을 이렇게 바꾸면 어떨까? 지식은 권력이다. 옛날에 학교를 다닌 분들이라면 그 사실을 물리적으로 겪어보았을 것이다. 지식의 소유자인 선생님은 몽둥이의 소유자이기도 했다. 그가 가르치는 것은 무엇이든 절대적이었고 엉뚱한 질문이라도 했다가는 그날은 몽둥이 찜질을 당하는 날이 되기 십상이었다. 매를 들지는 않더라도 같은 원칙이 적용되는 영역이 많다. 의학 지식을 알고 있는 의사는 환자에게 권력이다. 환자는 그가 하라는 대로 해야 한다. 법 지식을 알고 있는 재판관은 범죄자에게 권력이다. 아무리 무서운 흉악범이라도 그 앞에서는 벌벌 떤다.

푸코는 우리가 너무도 당연하게 받아들이는 이 지식과 권력의 관계를 추적한다. 우선 지식에 대하여 알아보자. 지식을 다루는데 중요한 개념 중 하나가 **담론**(discourse)이다. '담론'이라는 말을 '인간이 소리나 문자를 통하여 나타내는 모든 생각'이라고 쉽게 생각하자. 그렇게 놓고 보면 지식을 형성하는 모든 표현을 담론이라고 할 수 있을 것이다. 위에서 잠깐 언급했듯이 역사적인 무의식적 조건—푸코의 표현에 따르면 '에피스테메'—속에서 작동하는 '담론'은 한편 인식대상에 대하여 질서를 부여한다. 예를 들어 먹을 수 있는 것과 없는 것, 말할 수 있는 것과 없는 것, 할 수 있는 일과 없는 일 등을 정의하고 구분한다. 이처럼 담론은 "말과 사물을 이어주는 고리"이면서 "사물과 언어를 제단하는 방법"이 된다.

한편 이러한 담론이 형성되는 과정에서 단순히 말만이 개입하는 것이 아니라 '사건'이, 권력이 개입되는 것이다. 예를 들어 진시황제의 분서갱유 사건은 특정한 지식을 허용하고, 어떤 지식은 배제하는 효과를 보게 된다. 그렇다면 지식과 권력은 불가분의 관계이게 된다. 때문에 우리는 선생의 말을, 재판관의 언도를 단지 말로 받아들이는 것이 아니라 하나의 힘으로, 우리를 좌지우지할 수 있는 힘으로 받아들이는 것이다.

정상과 비정상

이제 이렇게 형성된 지식은 지식

너무 재밌어서 잠 못 드는 철학 수업

인(교사,의사, 법관 모두 특정한 지식을 지닌 지식인이다)을 형성하고, 그에 따른 대상(학생, 환자, 범죄자)을 형성하면서, 그 대상을 판단할 수 있는 기준(모범생/문제학생, 환자/비환자, 범죄자/선량한 자)을 갖는다. 한편 지식은 막대한 물리적, 제도적 지원을 받으면서 특정한 방향으로 사회를 이끌어 간다.

푸코는 『광기와 문명』, 『진료소의 탄생』 등의 저술을 통하여 이러한 과정을 치밀하게 추적한다.

푸코에 따르면 광인은 처음부터 격리되지 않았다. 오히려 광인은 셰익스피어의 『리어왕』에서 나타나듯이 신비한 통찰력을 가진 인물로 간주되기도 했다. 하지만 17세기가 되자 대대적인 감금이 시작된다. 광인은 물론 거리의 부랑아, 범죄자, 간질환자, 병자, 가난한 자, 무직자 등이 무차별적으로 갇혔다. 감금에도 구분이 생기기 시작했고, 광인은 특히 별도의 취급을 받게 되었다. 처음에 광인에 대한 지식이 형성되지 않았을 때에는 물리적인 치료(『뻐꾸기 둥지위로 날아간 새』라는 영화의 치료장면을 상상하라)를 통하여 치유될 것이라고 보았지만, 후에 훈련과 감시, 처벌 등의 다양하고 세련된(?) 방법들이 시도된다. 한편 광인의 문제는 이제 광인 밖의 문제가 아니라 광인 스스로의 훈련의 문제로 내면화되기 시작한다. '당근과 채찍'의 이중전략 속에서 광인은 정상인(?)이 된다.

감시와
처벌

푸코는 이러한 내면화의 과정을 광인의
문제에만 국한하여 고찰하지 않았다. 그는 처벌 유형의 역사적인 변화
를 추적하여 처벌이 어떻게 내면화되는지 살핀다. 『감시와 처벌』에서
다루는 것이 바로 그것이다. 책의 첫 장은 다음과 같이 시작된다.

(…) 설치된 처형대 위에서 가슴, 팔, 넓적다리, 장딴지를 뜨겁게 달군
쇠집게로 고문을 가하고, 그 오른손은 국왕을 살해하려 했을 때의 단
도를 잡게 한 채, 유황불로 태워야 한다. 계속해서 쇠집게로 지진 곳
에 불로 녹인 납, 펄펄 끓는 기름, 지글지글 끓인 송진, 밀랍과 유황의
용해물을 붓고, 몸은 네 마리의 말이 잡아 끌어 사지를 절단하게 한
뒤, 손발과 몸은 불태워 없애고 그 재는 바람에 날려버린다.

1757년 국왕 루이 15세를 시해하려 했다 실패했던 로베르 다미앵
의 사형은 이처럼 집행되었다. 이처럼 당시 처벌은 공개적인 일벌백
계로 국민들에게 공포를 유발해 권력에 복종하게 했다. 하지만 이러
한 처벌 방식이 항상 효과를 보지는 못했다. 오히려 잔혹함에 대한 비
난과 반항심을 낳기도 했다. 뭔가 다른 조치가 필요했다. 다음은 그
뭔가 다른 조치의 예이다.

5시: 북소리에 기상 / 5분 후 두 번째 북소리에 침구 정돈 / 세 번째

너무 재밌어서 잠 못 드는 철학 수업

북소리에 정렬 / 5시 15분: 아침기도 및 독송 / 5시 45분: 세면후 아침 식사 / 6시: 노동 / 10시: 점심 및 휴식 / 10시 40분: 학습(읽기, 쓰기, 그림그리기, 계산하기 순으로) / 12시 40분: 마당에서 휴식 / 12시 55분: 작업장 별 정렬 / 1시: 오후 노동 / 4시: 세수 후 반별 정렬 및 식사 / 5시: 노동 / 7시: 빵배급 및 독송, 저녁기도 / 7시 30분: 세수, 의복검사, 독방 도착 / 첫 북: 탈의 / 두 번째 북: 침상에 들어감

(이상 여름의 일과시간표)

분 단위로 짜여진 이 일과시간표는 1838년 쓰인 〈파리소년감화원을 위한 규칙〉의 일부이다. 위의 끔찍한 장면과 아래의 일과가 실행되던 시기의 차이는 1세기도 안 된다. (위의 표는 마치 우리의 학교 스케줄을 보는 듯하다.) 되도록 잔인했던 신체적 형벌은 점차 완화되었지만 동시에 더욱 세분화되고 내면화되었다. 감시와 처벌은 감옥뿐만 아니라 학교, 병원, 공장, 군대 등 다양한 집단들에게까지 확대된다. 푸코는 이를 **규율의 과학**이라 불렀다.

원형경기장과 판옵티콘

과거의 감시와 처벌 방식은 대중에게 공개되었으나 근대에 와서 그 모습을 달리했다. 푸코는 근대의 감시 방식을 벤담이 고안한 **판옵티콘**(panopticon: 일망감시장치) 개념을

예로 설명한다. 판옵티콘은 중앙에 탑이 있고, 그 주위로 원형 건물이 에워싸고 있다. 이 원형 건물은 중앙 탑으로 창이 나 있고, 외측에 독방들이 배치되어 있다. 중앙탑은 강력한 빛을 이 원형 건물에 투사함으로써 탑에 있는 사람은 원형 건물에 갇혀 있는 사람들이 보이지만 안에 있는 사람은 탑에 사람이 있는지 없는지 모르도록 고안되어 있다. "그것은 바로 완전히 개체화되고, 항상 밖의 시선에 노출되어 있는 한 사람의 배우가 연기하고 있는 수많은 작은 무대들이자 수많은 감방이다."

　벤담은 판옵티콘을 감옥뿐만 아니라 병원, 학교, 공장 등에도 적용

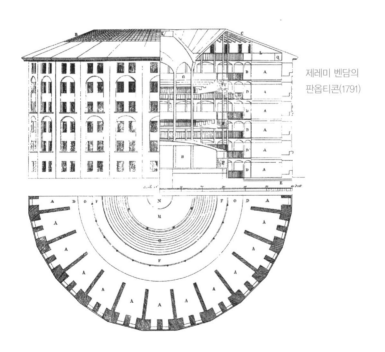

제레미 벤담의
판옵티콘(1791)

　　　　　　　　　　　　　너무 재밌어서 잠 못 드는 철학 수업

하라고 제안했다. 이제 모든 사람들이 소수의 범죄자를 보는 원형경기장이 아니라 한 사람(혹은 없을지도 모른다)이 모든 사람을 감시하는 체계가 구축된다. 그러한 체계 속에서 개인은 분할되고, 훈육되고, 규격화된다.

권력은 생산한다

이제 우리는 일상생활 속에서 여러 가지 **규율**(discipline)을 통하여 권력에 순종하도록 훈육된다. 개인은 태엽을 돌리면 걸어가는 **기계-인간**과 같은 존재가 된다. 순종적인 육체를 만들기 위하여 규율은 1) 공간적으로 개인을 분할시키기 시작하고, 2) 엄격하게 활동을 통제하며, 3) 반복훈련을 통하여 개별화 규격화시키고, 4) 세부적인 단계를 만들어 등급을 매기면서, 5) 일탈의 위험성을 막기 위하여 시험을 실시한다. 그리하여 개개인을 권력과 지식의 구성 요소로 만든다.

푸코는 이렇게 말한다. 개인은 **규율·훈련**이라고 명명되는 권력의 특유한 기술에 의하여 제조된다. 이제는 '배제한다', '처벌한다', '억누른다', '검열한다', '고립시킨다', '숨긴다', '가린다' 등의 부정적 표현으로 권력의 효과를 기술하지 말아야 한다. 사실상 권력은 생산한다. 현실적인 것을 생산하고, 객체의 영역과 진실에 관한 의식을 생산하는 것이다.

지도와
동력

이제 잠시 정리해보자. 푸코는 구조주의의 영향을 받아 사물에 질서를 부여하는 것은 주체의 의지나 이성이 아니라 역사적으로 단절/형성된 '인식틀'에 기초한 '담론'들에 의한 것이라고 생각했다. 하지만 대부분의 구조주의자들과는 달리 담론의 역사성에 대하여 주목한 점을 고려할 때 그의 입장을 **역사적 구조주의**라고 말할 수 있다. 한편 구조주의자들이 '담론'의 영역에만 주목하는 반면, 푸코는 **담론**과 **비담론**의 상호작용에 대하여 탐구하여 구조주의를 넘어섰다. 또한 그는 광기, 감금장치, 진료소, 감옥 등의 그 형성의 역사와 분기를 뚜렷히 관찰할 수 있는 것을 살핌으로써 권력이 인간의 신체에 작동하는 원리를 살폈다. 한편 그는 지식과 권력의 상관성을 고찰하고, 단순히 억압하는 권력이 아니라 '생산하는 권력', 몇몇 손에 집중돼 있는 권력이 아니라 내면화되고 편재(遍在)된 권력의 효과에 대하여 분석했다. 푸코에 이르러 권력에는 지식과 밀접한 관련을 맺고 있는 **지식권력**(savior-pouvoir), 인간 신체의 행동과 삶을 규율에 의해 통제하는 **생체권력**(bio-pouvoir), 단순히 억압하거나 배제하거나 파괴하는 권력이 아니라 **생산하는 권력**이라는 구체적 이름이 되었다.

이제 지도도 그려졌고 동력도 찾았다. 그렇다면 어떻게 그 핵심부에 쳐들어가 동력을 차단할 것인가? 하지만 이것은 불가능한 듯하다. 푸코는 "권력은 '항상 이미 거기에' 존재하며, 누구도 권력 '밖'에 존

너무 재밌어서 잠 못 드는 철학 수업

재하지 않으며, 체제와 단절되어 있는 사람들이 뛰어놀만한 어떠한 '여백'도 존재하지 않는 것 같다"라고 말했다. 그것은 마치 감옥 밖으로 나가기 위하여 작전을 짜던 죄수들이 결국 밖이 없다는 결론에 도달하는 것과 같다. 외부를 사고하지만 외부는 없다?! 경계를 허물고 싶지만 경계는 이미 없다.

마음을 바꿔라

이러한 난점은 라캉이 갖는 난점이기도 하다. 라캉은 인간 주체가 타자의 그물망에서 벗어날 수 있는 가능성을 제약했다. 따라서 저항(해방)의 가능성도 희미해 보인다.

하지만 푸코는 "권력이 있는 곳에 저항이 있다"라고 말한다. 단 이 저항은 이제 하나의 권력, 집중된 권력에 대항하는 것을 목표로 하지 않는다. 아니 애당초 권력은 하나가 아니며, 집중되어 있지도 않다. 그에 따라 푸코는 각자 자신이 있는 영역에서 투쟁을 시작하라고 말한다. 권력이 편재되었으니 개인의 투쟁 또한 국지적이고 부분적으로 이루어져야 하는 것이다. 그는 이런 시대에 지식인의 지향점 또한 다르다고 보았다. 오늘날의 지식인은 "현실의 무기력과 속박 속에서 취약지점과 통로, 사물의 추세를 탐지하고 가리키며, 끊임없이 움직이면서, 현재에만 주의를 기울이는 사람이며, 끊임없이 마음을 바꾸는 사람이라고 말한다.

이제 푸코의 전략은 총체화를 목표로 하지 않는다. '국지적'이고 '부분적인 저항'은 분명 수동적이며, 지식인의 '마음 바꾸기' 전략 역시 유약하다고 평가할 수도 있다. 하지만 이러한 국지적/부분적 저항과 마음 바꾸기 전략은 현실에서 무모한 총체화나 반성 없는 신념보다 솔직한 출발점이라 볼 수도 있다. 푸코의 분석에 따르면 이러한 전략은 불가피하기조차 하다.

말년에 그는 주체의 문제에 주목했다. 『성의 역사 2: 쾌락의 활용』(1984), 『성의 역사 3: 자기에의 배려』(1984) 등은 제목에서도 확인할 수 있듯이, 인간 역사 속에 나타난 주체들을 탐구하였다. 권력에게 포섭되지 않고 자유로운 주체는 가능할까? '자기를 배려'하면서 '쾌락을 활용'할 수 있는 주체를 발견하고 이를 오늘날에 적용할 수 있다면, 우리는 권력의 다양한 그물망 속에서도 자유롭게 자신의 삶을 영유할 수 있지 않을까? 푸코의 주체 탐구 과제는 그의 죽음으로 미완의 과제로 남았다. 이러한 미완의 과제는 우리를 들뢰즈로 인도한다. 마지막으로 푸코의 전략이 드러나는 글을 소개한다.

우리의 인습이 완전히 자의적이라는 사실을 직시할 필요가 있다. 게임과 아이러니에 지친 우리는 일부러 몸을 더럽게 하고, 수염을 기르며, 머리를 길게 하며, 남자라면 여자처럼 보이게 하는 것(또는 그 반대)이 좋다. 우리는 우리를 조용히 혹사하는 체제를 웃음거리로 만들고, 실체를 폭로하며, 그것을 변화시켜, 완전히 뒤집어엎어 버려야 한다. 내가 저술 작업에서 할 일도 바로 그런 것이다.

너무 재밌어서 잠 못 드는 철학 수업

들뢰즈
유목민의 사고

오로지 진리로만 꾸며진
생각과 말은 어리석은
것이다.

일찍이 푸코는 그의 논문 「철학적 극장」에서 "언젠가, 20세기는 들뢰즈의 시대로 기억될 것이다"라고 들뢰즈를 극찬했다. 그 들뢰즈가 1995년 11월 4일 자택에서 자살했다. 전 세계의 신문과 잡지들이 이 위대한 철학자 중의 철학자에게 서둘러 조의를 표했다. 들뢰즈는 20세기의 반항아였다. 그는 라캉, 알튀세르, 푸코의 대안에 만족하지 않았다. 그는 인간의 욕망을 다시 한번 혁명적으로 전환시킴으로써 이전의 저항관을 뒤집었으며 이성 모델을 대신할 욕망의 모델을 탐구했다. 한편 그는 이 욕망이 한곳에 머무르지 않고 계속해서 전진해야 한다는 점을 강조했다. 이러한 사고를 **유목민적 사고**라고 부른다.

자살로 생을 마감한 철학자, 들뢰즈

질 들뢰즈(Gilles Deleuze)는 1925년에 프랑스 파리에서 태어났다. 1948년 철학 교수 자격증을 얻고,

1957년까지 고등학교에서 철학 교사로 있다가, 68년에 「차이와 반복」, 「스피노자의 표현의 문제」 등의 논문을 발표하면서 철학 박사 학위를 받았다. 그해 그는 푸코가 재임 중이던 파리 8대학에서 교수 생활을 시작했다. 같은 해 그는 펠릭스 가타리(Felix Guattari)를 만나 학문적 동료가 되었다.

그는 푸코와 마찬가지로 늘 타자에 편에 서 있던 철학자였으며, 극한적인 사고방식을 끝까지 밀고 나갔던 철학자였다. 그의 관심은 전통적인 철학에서 이탈한 철학자들과 그들의 사유에 있었으며, 그에 머무르지 않고 이단적인 철학자들을 다시 역동적으로 재해석해 새로운 철학을 만들어나갔다. 그가 관심 가진 철학자들은 스피노자, 니체, 베르그송 등이었다. 『니체와 철학』(1962), 『베르그송주의』(1966), 『스피노자와 표현의 문제』(1968) 등의 저서를 썼다.

68년 5월 격동기 이후 가타리와 공동으로 쓴 『안티오이디푸스: 자본주의와 분열증 I』(1972)는 그의 대표적인 저서로 들뢰즈를 일약 스타덤에 올려놓았다. 이후 쓰여진 『천 개의 고원: 자본주의와 분열증 II』(1980)은 들뢰즈와 가타리의 새로운 사유를 유감없이 발휘한 저서들이다. 들뢰즈는 철학뿐만 아니라 미학 분야에서도 탁월한 능력을 발휘하여 『마르셀 푸르스트와 기호』(1964), 『사셰 마조크 소개』(1967), 『카프카. 소수의 문학을 위하여』(1975) 등의 저서를 남기기도 했다.

그렇게 지칠 줄 모르고 질주하던 들뢰즈가 돌연 자살로 삶을 마감했고 추구해왔던 반역적 사고방식의 유산은 이제 우리 몫이 되었다. 그의 철학 세계와 접속해보자.

너무 재밌어서 잠 못 드는 철학 수업

오이디푸스에서
벗어나기

라캉은 오이디푸스 콤플렉스를 분석함으로써 인간 주체의 자리를 찾으려고 했다. 그리하여 지배적이었던 자아심리학적 틀을 거부하고, 구조주의 언어학을 통해 새로운 정신분석학을 정초하려 했다. 그에 따르면 인간은 상상계에서 질서의 체계인 상징계로 돌입하면서 불가분 결핍된 존재이자 타자의 욕망에 사로잡힌 존재가 된다. 이러한 접근법은 인간 주체에 대한 새로운 해석이며, 혁명적인 발상전환이었다.

하지만 들뢰즈는 그의 동료 가타리와 같이 쓴 『안티 오이디푸스』에서 라캉의 견해에 거센 반기를 든다. 제목만 봐도 알 수 있듯이 이 책의 내용은 기존의 정신분석학에 대한 반대 선언이다.

들뢰즈에 따르면, 기존의 정신분석학은 인간의 욕망을 '자식-어머니-아버지'라는 가족 삼각형의 구조 속에 가두어놓고 설명하려는 잘못을 범했다. 이러한 구조는 인간의 욕망을 "칙칙하고 하찮은 가족 비밀"로 축소시키는 것이다. 대신 들뢰즈는 인간의 욕망을 사회역사적 장(場) 속에서 이해하고 탐구하려 했다. 또한 이들은 욕망을 결핍의 차원으로 해석하려는 라캉의 견해에 반대하면서, 욕망은 결핍이 아니라 오히려 생산과 깊은 관련을 맺고 있다고 주장한다. 이들의 용법으로 말하자면 욕망과 생산은 동떨어져 있는 것이 아니라 **욕망하는 생산**이고 **생산하는 욕망**이다.

들뢰즈의 이러한 견해는 인간 욕망에 대한 새로운 접근법을 제시할

뿐만 아니라, 정신분석학도 더 넓게 해석하고 적용할 가능성을 열어 준다. 이제 정신분석학은 사회학뿐만 아니라 경제학, 정치학과도 깊은 관련을 맺으면서 새로운 존재론, 역사 철학의 정초가 된다.

리비도
경제학

들뢰즈와 가타리는 생산적/사회·역사적 의미에서 파악한 욕망을 개체적으로 **욕망하는 기계**라고 표현한다. 왜 욕망을 기계에 비유했을까? 그것은 **기계**(machinique)가 가지고 있는 생산적이고 창조적인 이미지 때문이다. 기존의 정신분석학에 따르면 욕망은 결핍으로 귀결되지만, 이제 욕망은 생산, 창조와 결부된다. 이제 욕망은 타자의 욕망이 아니라 스스로 **생산하는 욕망**으로 재해석된다. 따라서 들뢰즈가 표현하는 기계는 하나의 구속된 메커니즘이 아니라 그 틀을 넘쳐 작동하는 힘이다. 그런 의미에서 욕망하는 기계는 차고, 넘치며, 흐른다. 심리적 에너지인 이 욕망은 "도처에서 작동한다." 이 욕망은 가족의 테두리에 머무르는 것이 아니라 그것을 뛰어 넘어 학교로, 공장으로, 사회 전체로 흐른다.

이 욕망의 흐름을 어떻게 식별할 수 있을까? 우리가 전구에서 나오는 빛으로 전류의 흐름을 파악할 수 있듯이, 들뢰즈/가타리는 **기관 없는 신체**라는 개념을 **욕망하는 기계**와 관련지어 사용한다. '기관 없는 신체'란 욕망이 아직 신체에 등록되지 않은 상태를 비유적으로 표

너무 재밌어서 잠 못 드는 철학 수업

현한 것이다. 위의 예로써 다시 설명하자면 기관 없는 신체는 아직 전류가 흐르지 않는 전구에 비유할 수 있다. 전류가 흐르지 않기 때문에 아직 빛이 밝혀지지 않은 상태와 같다. 마르크스가 생산을 생산력과 생산관계를 통하여 해명하듯이, 들뢰즈는 욕망의 생산을 '욕망하는 기계'와 '기관 없는 신체'를 통하여 설명한다. 기계는 신체를 필요로 하고, 신체를 통해서만 욕망은 등록되고 식별 가능한 것이 된다. 이렇게 해서 기계는 신체와 관련을 맺으면서 끊임없이 생산하고, 억제되고, 다시 흐른다. 들뢰즈와 가타리는 이 욕망하는 생산의 전 과정을 **리비도 경제학**이라고 표현했다.

코드화와
정신병

들뢰즈는 역사적으로 사회는 욕망을 달리 조직했다고 보고, 각 사회가 욕망을 조직하는 방식에 따라 원시사회, 전제군주 사회, 자본주의사회 등 세 가지로 분류했다. 들뢰즈는 사회마다 욕망을 조직하는 방식을 코드화라는 개념을 통하여 설명한다.

원시사회에서는 다양한 욕망이 분출됨과 동시에 각기 다양한 방식으로 자신의 욕망을 조직한다. 부족과 부족 간의 삶은 통일되어 있지 않고 고유한 형태로 독립적으로 구성된다. 평화적으로 부족이 운영되기도 하고 폭력적으로 부족을 운영하기도 한다. **다양한 코드화**가 실행되고, 각기 다른 방식에 집착한다는 면에서 **도착증적**이다.

전제군주 사회에서는 다양한 영토에서 살아가는 원시 부족들이 통합된다. 그에 따라 다양한 삶의 방식이나 사고방식이 점차 소멸되고, 절대권력을 가진 전제군주를 중심으로 통일되어간다. 전제군주는 자신의 사고와는 다른 사고를 허용하지 않으며, 자신이 다룰 수 없는 영토를 용납하지 않는다. 단일한 방식으로 욕망을 조직한다는 점에서 **초코드화** — 모든 코드화를 통합하는 방식 — 가 진행되며, 모든 것을 하나로 모으려 한다는 면에서 **편집증적**이다.

자본주의사회는 이러한 전제군주 사회의 욕망을 조직하는 방식에서 벗어나야만 형성될 수 있다. 일정한 영토에서만 삶을 유지하는 인간(농노)들을 해방시켜 자유로운 인간(노동자)으로 만들고, 전제군주 사회의 초코드화된 욕망을 다양한 욕망으로 분출되게 만들어야만 한다. 그래서 **탈영토화**, **탈코드화**가 진행될 수밖에 없다. 자유로운 인간들의 자유로운 욕망의 분출이야말로 자본주의 정신이다. 따라서 **분열증적**일 수밖에 없다. 이상을 들뢰즈의 용어로 일목요연하게 도표로 그려보면 아래와 같다.

	사회적 기계	조직방식	역사적 정신병
원시사회	원시영토 기계	다양한 코드화	도착증
전제군주 사회	전제군주 기계	초코드화	편집증
자본주의사회	자본주의 기계	탈코드화	분열증

너무 재밌어서 잠 못 드는 철학 수업

이전 사회를 극복하고 형성된 자본주의사회의 특징이 탈영토화이며, 탈코드화이고, 분열증적이라는 것은 이해가 되었을 것이다. 하지만 자본주의사회가 유지되기 위해서는 역설적으로 자본주의사회를 다시 영토화하고, 코드화하여야 한다. 라캉의 상징계(오이디푸스 분석), 알튀세르의 이데올로기, 푸코의 규율사회는 모두 자본주의적 인간의 코드화를 분석한 것이다.

하지만 들뢰즈(와 가타리)는 특히 인간의 욕망을 가족 삼각형으로 가두는 라캉의 상징계(오이디푸스 분석)에 반대하면서, 대신 인간의 욕망을 해방시키는 **분열증 분석**(schizo-analysis)을 제시한다. 라캉의 상징계가 인간의 욕망을 억압하고 왜곡하고 지연시킴으로 사회가 형성, 유지됨을 분석했다면, 들뢰즈는 자본주의사회 인간의 욕망이 분열증적으로 분출됨으로써 하나의 편집증적 욕망으로 귀착되지 않고, 끊임없이 탈주하고 생산하는 욕망임을 분석했다.

재영토화하라

자본주의사회에 대해서 좀 더 살펴보자. 자본주의사회는 위에서 말했듯이 신분과 토지에서 탈영토화된 자유로운 임노동자와 자유로운 화폐의 만남을 통하여 이룩된 사회이다. 따라서 탈코드화는 자연스러운 것이다. 하지만 이렇게 탈코드화된 흐름을 방치해서는 사회가 유지되지 않는다. 따라서 이러한 흐름은 억제되고 조절되어야 한다. 신분과 토지는 사라졌지만 새로운 권력과 통제수단이 자리하게 된다. 이것이 자본주의사회의 불가결한 조치이다. 이처럼 "자본주의사회는 한편으로 탈영토화하면서 다른 한 편으로 재영토화"한다.

들뢰즈는 이러한 조작을 **공리계**(aximatic)라고 부른다. 앞서 자본주 의사회를 분열증적 사회라고 표현했다면 이제 자본주의사회는 이러 한 **분열적 흐름**(schiz-flow)을 다시 재영토화한다는 점에서 편집증적이 라고 볼 수도 있다. 따라서 공리계는 분열증과 편집증 사이의 극한에 존재한다. 그것은 안정적이다. 단 분열적 흐름을 재영토화할 수 있는 범위 내에서. 그것은 반생산적이다. 탈코드화된 분열증을 억압한다는 측면에서. 그것은 극한적이다. 자본주의사회에서 탈코드화가 절대적 이라는 점에서.

이 점에서 들뢰즈는 라캉, 알튀세르, 푸코와 분명히 구별된다. 그들 이 타자(이데올로기/권력)을 절대화하고 그에 따른 욕망의 조작(왜곡)과 억압을 불가피한 것으로 보았다면, 들뢰즈는 자본주의사회에서의 편 집증적 재영토화를 상대화하여 욕망의 흐름의 해방을 꾀할 수 있었 다. 그것이 바로 분열증 분석에 따른 **미시 정치학**이다.

분열증
분석

앞서 우리는 들뢰즈가 라캉의 오 이디푸스 분석의 대안으로 분열증 분석을 제시했다고 말했다. 따라서

너무 재밌어서 잠 못 드는 철학 수업

우리는 분열증 분석이 라캉의 상징계를 거부함을 알 수 있다. 그렇다면 들뢰즈의 분열증 분석은 현실에 대한 무조건적 거부를 의미하는 것인가? 물론 아니다. 들뢰즈는 말했다. "혁명적 힘을 갖는 것은 욕망과 현실의 접속이지, 표상 형태로의 후퇴가 아니다." (여기서 표상 형태란 인간 주체가 의식하고 실천할 때 전제가 되는 무의식적 구조, 즉 기표의 법칙체계(라캉), 이데올로기(알튀세르), 편재된 권력(푸코) 등을 의미한다.)

들뢰즈는 현실이 표상 형태에 의하여 지배받는다고 여기지 않았다. 또한 들뢰즈의 분열증 분석은 무한질주에 의한 자기 파괴를 의미하지 않는다. 그것은 '욕망과 현실의 접속'이라는 표현에서 알 수 있듯이 끊임없이 현실과 접속하는 과정이다. 이제 분열적 주체는 자신을 표상 형태에 가두는 것이 아니라 사회·경제·정치 전 방면에 자신을 접속시킨다. 이러한 접속은 다시금 재영토화되는 것을 거부하고 탈영토화하는 분열증적 과정이라는 점에서 혁명적 행동이다. 이리하여 리비도 경제학은 욕망의 미시 정치학으로 넘어간다.

미시 정치학의 모델:
리좀

자본주의사회는 인간의 분열증적 욕망을 끊임없이 재영토화해야만 유지된다. 앞에서 공리계라고 표현했던 자본주의적 조작을 떠올리라. 들뢰즈는 그 재영토화의 모델로 **수목모델**을 제시한다. 거대한 나무를 상상해보자. 아래로는 뿌리가 땅 밑으로 깊게 뻗어가지만(탈영토화) 거기에서 끌어올린 수분과 양분은 모두 하나의 줄기로 수렴(재영토화)되어 나무를 키운다. 가운데 줄기에서 뻗어나온 가지들도 모두 하나의 줄기에 붙어 있어야지만 그 생명을 유지할 수 있다. 이러한 구조를 들뢰즈는 다양한 분자적 흐름을 자신에게 집중하는 **몰(mole)적 구조**라고 표현하였다. 이 구조는 하나의 줄기로 수렴되어야지만 생명을 유지할 수 있다는 점에서 경직되어 있다. 공리계의 특징이다. 마치 땅에 종속되어 살아가는 정착민을 닮았다. 그리고 그렇게 통일된 형태로 인간 사회를 유지한다는 점에서 국가장치와 유사하다.

하지만 탈영토화의 모델인 **리좀**은 이와 다르다. 고구마 줄기를 떠올려보자. 고구마 줄기는 줄기를 잘라 다시 심으면 거기서 새로운 뿌리가 나온다. 땅 속에서도 다양한 형태로 유연하게 줄기를 뻗어 고구마를 키운다. 하나의 줄기로 수렴되지 않고 다양한 줄기를 형성한다는 점에서 들뢰즈는 분자적 구조라고 표현했다. 이는 마치 땅에 종속되어 살아가지 않고 자유롭게 횡단하고 탈주하는 유목민을 연상시킨다. 그리고 국가장치에 저항하면서 해방된 인간 사회를 꿈꾼다는 점에서 전쟁 기계를 닮았다. 이를 간단히 도표로 정리해보았다.

	재영토화운동	탈영토화운동
모델	수목(樹木) 모델	뿌리줄기(리좀)모델
구조	몰(mole)적	분자(molecule)적

너무 재밌어서 잠 못 드는 철학 수업

분절성	경직된 선(rigid line)	유연한 선(supple line)
전략	공리계(axiomatic)의 변형과 추가	분열적 주체(schizo-subject)의 생성
주체비유	정착민(sedentaries)	유목민(nomads)
무기	국가장치	전쟁 기계(war machine)

권력은
무능하다

　　　　　　　푸코는 "권력은 '항상 이미 거기에' 존재하며, 누구도 권력 '밖'에 존재하지 않으며, 체제와 단절되어 있는 사람들이 뛰어 놀만한 어떠한 '여백'도 존재하지 않는 것 같다"라고 말했다. 그에 따라 푸코의 전략은 수동적이고 국지적일 수밖에 없었다. 하지만 들뢰즈는 권력을 달리 정의한다.

　권력 중앙들은 그들의 권력의 지대(地帶)에 의해서가 아니라 그들의 무능력, 그들로부터 탈주하는 것에 의하여 정의된다.

　다시 말해 권력을 행사할 수 있는 지대뿐만 아니라 권력의 행사가 불가능한 무능력의 지대가 공존한다는 것이다. 아니 권력이 그들의 무능력의 지대에 의하여 정의될 만큼 무능력의 지대는 절대적인 것이다. 그러므로 리좀적 분석에 따른 들뢰즈의 전략은 분명하다. 현실에서 **탈주의 선**(escape line)을 발견하는 것이다. 권력으로부터 탈주하는 우연적이고 복수적인 선들을!

소수파 운동:
유목민

들뢰즈는 소수파 운동에 주목한다. 여기서 소수파는 쪽수의 문제가 아니다. 그것은 공리계에 포섭되지 않는 세력, 탈영토화적 흐름 속에서 공리계에 반대하는 탈주의 운동을 하는 세력이다. 이들은 유목민이 이동하기를 그치지 않는 것처럼, 현대의 **유목민들**(nomads)이다. 이들은 무의식적인 욕망에 따라 미시 정치를 수행한다.

그렇다면 이러한 비판이 가능할 것이다. 미시 정치를 주장하는 것은 거시 정치를 부정하는 것 아닌가? 들뢰즈는 이에 "모든 정치는 거시 정치임과 동시에 미시 정치이다"라고 답한다. 문제는 미시 정치를 거시 정치 차원으로만 환원시키는 것이다. 따라서 계급적 이해를 기반에 둔 거시 정치는 욕망에 기반을 둔 미시 정치와 창조적으로 접속되어야 한다.

히틀러의 파시즘과 스탈린의 스탈리니즘은 계급적 거시 정치와 욕망의 미시 정치를 창조적으로 접속시킨 것이 아니라 파괴적으로 재영토화시킨 예이다. 이와는 반대로 프랑스에서 68년에 일어난 사건

너무 재밌어서 잠 못 드는 철학 수업

들은 생성적이고 창조적인 욕망의 흐름들이 현실 정치에 창조적으로 접속된 예가 될 수 있다.

창조적 접속을
위하여

정리하자. 철학자 들뢰즈는 정신 분석학자 가타리와 더불어 공동 작업을 수행해 욕망에 대한 새로운 이해와 접근을 가능하게 했다. 라캉의 욕망을 '결핍'으로 이해했다면 들뢰즈는 욕망을 '생산'으로 해석했다. 그렇다면 문제는 이러한 생산을 통하여 어떠한 사회를 건설하느냐의 문제가 된다. 공리계에 연접되어 권력의 그물상 속에 있을 것인가, 아니면 혁명적으로 탈주할 것인가.

한편 들뢰즈는 권력에 대한 견해에서 푸코와 차이를 보인다. 푸코가 권력을 '만능'으로 보았다면, 들뢰즈는 이 권력의 만능 속에서 '무능'의 지대를 찾아낸다. 애당초 권력의 지대는 제한적이다. 따라서 탈주의 선들은 무한히 생성되며, 그 생성된 탈주의 선들을 어떻게 접속하느냐가 문제가 된다. 파괴의 선과 접속되면서 다시금 재영토화될 것인가, 아니면 현실과 혁명적으로 접속하면서 탈영토화를 꾀할 것인가.

또한 들뢰즈는 계급적 이해에 기반을 둔 거시 정치와 욕망을 기반에 둔 미시 정치를 구분함으로써 정치의 새로운 해석을 가능하게 했다. 이제 문제는 미시 정치를 거시 정치로 환원하는 것이 아니라, 미시 정치와 거시 정치를 종합적으로 사고하는 것이다.

과연 욕망의 창조적인 접속은 가능한가? 그것이 우리의 현실 정치에서 어떻게 등장할 것인가? 이에 대해 이제 우리가 실천 속에서 답해야 한다.

정신분석학의 사회적 확장
펠릭스 가타리(Félix Guattari)

가타리는 들뢰즈가 태어난 지 5년 후인 1930년 파리 북서부의 노동자들이 주로 사는 지역인 비예뇌브-레-사블롱에서 태어났다. 가타리는 청소년기부터 정치에 관심이 많았다. 고등학교 시절부터 청년 사회주의 단체에서 활동했다. 대학에서는 의학과 철학을 공부하였고, 그 후 보르도 정신병원에서 의사로 일했다. 가타리는 1953년 이래 라캉이 주도하던 세미나에 참여하기도 했다. 그러나 그는 라캉의 입장에 비판적이었다. 프랑스의 68운동 이후 그는 라캉의 정신분석학을 비판하고 독자적인 활동을 시작했다.

1969년 가타리는 파리 제8대학 교수로 있던 들뢰즈를 만났다. 그들은 푸코와 함께 '감옥정보그룹'에서 공동연구활동을 수행했다. 들뢰즈는 철학자였고, 가타리는 의사이자 정치학자였지만 둘의 이질적 결합은 피뢰침이 벼락을 만난 것과 같은 작용을 했다. 그들은 정신분석학을 사회학으로 확장시켰고, 가타리의 정치적, 정신분석학적 아이디어는 들뢰즈의 철학과 만나면서 더 풍부해졌다. 니체와 프로이트와 마르크스가 그 둘 사이에서 새롭게 태어났다. 그 결과물이 『안티 오이디푸

너무 재밌어서 잠 못 드는 철학 수업

스』와 『천 개의 고원』이었다. 이 둘은 『카프카』, 『철학이란 무엇인가』도 공동으로
저술했다.

'횡단성', '미시 정치', '탈영토화', '추상적 기계' 등의 새로운 개념들을 만든 가타
리는 들뢰즈와 함께 68혁명 이후의 대중들의 욕망 분출과 세계 자본주의의 대응
을 분석하고 욕망을 혁명적으로 활용할 수 있는 욕망의 미시 정치학을 주장했다.
가타리는 들뢰즈와 공동 작업도 했지만 독자적으로 자신의 이론을 혁신해나갔
다. 그는 국가장치를 바꾸는 혁명적 실천에서 욕망을 해방시키기 위한 다양한 생
태적 운동으로 방향을 틀었다. 가타리는 이를 '분자 혁명'이라고 표현했다. 이후
가타리는 프랑스 생태주의 운동의 독보적인 이론가가 되었다. 그의 생태주의는
자연, 사회, 정신을 통합하는 생태철학이었다. 가타리는 들뢰즈가 죽기 3년 전인
1992년에 사망했다. 가타리가 쓴 책으로는 『정신분석학과 횡단성』, 『분자 혁명』,
『분열분석의 지도 제작』, 『세 개의 생태학』, 『카오스모제』 등이 있다.